Svenja Eichhorn, Philipp Kuwert
Das Geheimnis unserer Großmütter

Forschung Psychosozial

Svenja Eichhorn, Philipp Kuwert

DAS GEHEIMNIS UNSERER GROSSMÜTTER

EINE EMPIRISCHE STUDIE ÜBER SEXUALISIERTE KRIEGSGEWALT UM 1945

Mit einem Geleitwort von Monika Hauser

Psychosozial-Verlag

Das vorliegende Buch basiert auf der Diplomarbeit von Svenja Eichhorn.
Die Arbeit wurde am Institut für Psychologie der Universität Greifswald
und der Klinik und Poliklinik für Psychiatrie und Psychotherapie
des Hanse-Klinikums Stralsund unter der Betreuung
und Projektleitung von PD Dr. Philipp Kuwert angefertigt.

Bibliografische Information der Deutschen Nationalbibliothek
Die Deutsche Nationalbibliothek verzeichnet diese Publikation
in der Deutschen Nationalbibliografie; detaillierte bibliografische Daten
sind im Internet über http://dnb.d-nb.de abrufbar.

Originalausgabe
© 2011 Psychosozial-Verlag
Walltorstr. 10, D-35390 Gießen
Fon: 06 41 – 96 99 78 – 18; Fax: 06 41 – 96 99 78 – 19
E-Mail: info@psychosozial-verlag.de
www.psychosozial-verlag.de
Umschlagabbildung: »Grandmother's Hands« © Christian Zielecki
Umschlaggestaltung & Satz: Hanspeter Ludwig, Wetzlar
www.imaginary-world.de
Printed in Germany
ISBN 978-3-8379-2131-1

INHALT

GELEITWORT

Viele berührende Briefe alter deutscher Frauen gingen bei *medica mondiale* seit unserem Bestehen 1993 ein. Eine Frau, die als Jugendliche auf der Flucht mehrfach von russischen Soldaten vergewaltigt wurde, gewann als 16-Jährige einen Schreibwettbewerb zum Thema: »Mein schlimmstes Erlebnis«. Gleichzeitig mit der Überreichung des Preises, einem Füller, bekundete ihr die Lehrerin, »sie solle sich nie mehr über *das* äußern!« Dieses Schweigegebot zog sich wie ein roter Faden durch ihr späteres privates und berufliches Leben – viele Frauen berichten davon, dass sie instinktiv wussten, wie existenziell es ist, zu schweigen. »Wie konntest du mir das antun?«, war eine oft gehörte Frage ihrer aus Gefangenschaft zurückgekehrten Männer.

Auch von den Folgen berichten die Frauen, von ungezählten Panikattacken und Suizidversuchen, von Beziehungsunfähigkeit und dramatischen Scheidungen, von innerfamiliärem endlosen Streit und immer neuer Gewalt. Und in den Briefen steht auch immer, wie wichtig die Arbeit von *medica mondiale* zugunsten kriegsvergewaltigter Frauen wäre, »damit die bosnischen Frauen nicht auch in 50 oder 60 Jahren sagen müssten, dass sie nie darüber hätten reden können«.

Dies gibt uns eine Ahnung davon, wie wichtig das Aussprechen der erlittenen Gewalt für die seelische Gesundheit der Überlebenden ist, für ihre Beziehungsfähigkeit und für die innere Kraft zur Bearbeitung ihrer Traumata, auch um sie nicht ungefiltert an ihre eigenen Kinder weitergeben zu müssen.

Doch wo waren in der (ost- und west)deutschen Nachkriegsgesellschaft die Räume zum Sprechen? Welche Tabuisierungen wirken hier zum Teil bis heute? Wie konnten Frauen, die als Deutsche und Familienangehörige quasi aufseiten der Täter standen, ihre Leiden hör- und sichtbar machen? Wie könnte das jenseits politischer und ideologischer Instrumentalisierungen gelingen?

Dieses Schweigegebot hat vielfältige Gründe: Sexualisierte Gewalt führt in patriarchalen Gesellschaftsordnungen als Konsequenz auch immer zur Tabuisierung, zur sozialen Ausgrenzung und gar zur Schuldumkehr – die Schuld fällt auf die Frau zurück. Doch darüber hinaus kommen wir nicht umhin, den jeweiligen politischen Kontext des gesamten Geschehens mit einzubeziehen. Denn dieser definiert den Rahmen, innerhalb dessen sich die Möglichkeiten für das Sprechen und auch für die Auf- oder Verarbeitung abspielen. Zum Beispiel durch die Sorge um einen möglichen Geschichtsrevisionismus, wenn ob der Darstellung deutscher Opfererlebnisse die Kausalität des Zweiten Weltkrieges in den Hintergrund gerät oder gar negiert wird. Oder auch durch das politische Gebot, das positive Bild des »großen Bruders« Sowjetunion nicht zu beschädigen.

Dass eine solche Studie wie die vorliegende erst weit nach 1989 verfasst werden konnte, hängt sicher auch damit zusammen. Doch es zeigt eben auch, dass es heute möglich ist – allerdings mit der gebotenen Differenziertheit des Betrachtens. Es ist unsere Verantwortung, diesen einen Ausschnitt genauer in seinen vielfachen Auswirkungen zu erforschen, um damit die langfristigen Folgen von sexualisierter Kriegsgewalt und ihre zerstörerischen Wirkungen auf Individuum und Gesellschaft deutlich zu machen – im und am Ende des Zweiten Weltkriegs, ausgeübt von Alliierten sowie auch von deutschen Wehrmachts- und SS-Soldaten, aber auch in Bangladesh, in Bosnien, in Ruanda, in Liberia, in Afghanistan und gerade jetzt im Osten der Demokratischen Republik Kongo. Es liegt auch an uns, den rein klinischen Blick auf die Symptome als »Schäden« um die Sichtweise zu erweitern, dass es sich hier zunächst um eine normale Reaktion auf die Unnormalität der Ereignisse handelt.

Diese fachliche und solidarische Verbindung zu Überlebenden heutiger Gewalt könnte *für uns* als Nachfahren derer, die für 60

Millionen Tote verantwortlich waren, eine Form der Bewältigung bedeuten und auch – spät, sehr spät – eine Form der Würdigung der Leiden der Frauen.

Dr. Monika Hauser, 19. Januar 2011
Gründerin und geschäftsführendes Vorstandsmitglied
von medica mondiale e. V. (www.medicamondiale.org)

Anfangs wollt ich fast verzagen,
Und ich glaubt', ich trüg es nie;
Und ich hab' es doch getragen, –
Aber fragt mich nur nicht, wie?

Heinrich Heine

Vorwort

Im Herbst 2008 kam *Anonyma* in die deutschen Kinos. Der Film erzählt, auf der Grundlage realer Tagebuchaufzeichnungen einer deutschen Journalistin, von den Erlebnissen der Berliner Frauen beim Einmarsch der russischen Alliierten im Mai 1945. Ungeachtet der Kritik, die der Film bekam, war es wenig erstaunlich, dass der Inhalt, die massenhaften Vergewaltigungen im Berliner Sommer 1945, für die Meisten nichts Neues war. Viele kennen oder erahnen Betroffene im Bekannten- oder Verwandtenkreis. Erzählt wird davon kaum, weil man nichts Genaues weiß oder weil die Geschehnisse heute, so viel später, vielleicht nicht mehr wichtig erscheinen. Zu zeigen, wie wichtig das Thema für viele Frauen und deren Familien heute noch ist, ist ein Ziel der hier dokumentierten Untersuchung.

Durch die Notwendigkeit des bloßen »Funktionierens« zur Kriegszeit und auch nach Kriegsende war eine private Auseinandersetzung mit den Erlebnissen für viele nur schwer möglich. Die öffentliche Tabuisierung dieses Teils der Geschichte trug weiter dazu bei, dass Tausende traumatisierte Frauen bei der Bewältigung des Erlebten bis heute alleine sind.

Traumatisierung hat viele Gesichter. Vergewaltigung als interpersonelle Form der Traumatisierung gilt als besonders schweres Schicksal, denn die Wahrscheinlichkeit einer psychischen Folgestörung ist groß. Etwa die Hälfte aller Vergewaltigungsopfer bildet eine Posttraumatische Belastungsstörung aus. Neben der individuellen Herausforderung, die oftmals unbeeinflussbar wiederkehrende Erinnerung an die teils mehrfach erlebten Vergewaltigungen zu verarbeiten, galt es für die betroffenen Frauen des Jahres 1945, weitere resultierende psychische Störungen wie beispielsweise Angst oder Depression zu bewältigen.

Im theoretischen Teil, dem ersten Kapitel, geht es neben einführenden Definitionen zu den besprochenen Phänomenen darum, eine Übersicht über die relevanten Themen der Untersuchung zu geben. Hierbei wird versucht, sich dem Phänomen der sexualisierten Gewalt und dem Pendant der sexualisierten Kriegsgewalt unter Einbezug zahlreicher Quellen zu nähern. Eine Chronik soll das Thema innerhalb der Geschichte einordnen und greifbarer machen. Die im Buch ausführlich behandelten Ereignisse der deutschen Geschichte und die damals und heute fehlende Aufarbeitung werden anschließend weiter erläutert.

Hinführend zum zentralen Untersuchungsgegenstand der dokumentierten Untersuchung werden anschließend die Begrifflichkeiten des Traumas, der Traumatisierung und möglicher Folgestörungen, speziell die Gefahr einer späten Retraumatisierung, illustriert. Folgend wird die Posttraumatische Belastungsstörung näher betrachtet. Einem definitorischen Teil folgt die Einbettung dieser möglichen Traumafolgestörung in den Kriegskontext und in den Kontext sexualisierter Gewalt. Mögliche beeinflussende Faktoren, die im Rahmen der Untersuchung gemessen wurden, werden am Ende dieses Kapitels eingeführt, bevor anschließend die zentralen Fragestellungen beschrieben werden.

Das zweite Kapitel erklärt die methodische Herangehensweise: Studiendesign, Stichprobe, Testplanung, Erhebungsverfahren und Methoden der Datenauswertung werden hier näher erläutert.

Dem folgenden Ergebnisteil, der sowohl deskriptive als auch infrenzstatistisch ausgewertete Ergebnisse der Befragung enthält, geht eine kritische Betrachtung der Ergebnisse vor dem Hintergrund der angewandten Methodik voran.

Diese Arbeit soll, neben der Berichterstattung über posttraumatische Folgen der erlebten Kriegsvergewaltigungen, eine Würdigung der individuellen Bewältigung jeder einzelnen Betroffenen liefern. Hierbei wird sich im Rahmen des vorliegenden Buches vom Diskurs der deutschen Schuld- oder Opferfrage distanziert.

Leipzig im Mai 2011

DANKSAGUNG

Ein großer Dank geht an Elena Grundke, die einen Teil der Interviews führte, an Dr. Thomas Klauer für die wertvolle Beratung im methodischen Teil, an Prof. Dr. Harald J. Freyberger für die Unterstützung des Forschungsprojektes, an Prof. Dr. Elmar Brähler, der den entscheidenden Impuls zur Veröffentlichung des Werkes gab, und an das Behandlungszentrum für Folteropfer (BZFO) in Berlin für die gute Kooperation in Form der Bereitstellung ihrer Räumlichkeiten für mehrere Interviews.

Ganz persönlicher Dank gilt Grit Klinitzke, Jutta Proch und Anika Knop für die gewissenhaften Korrekturarbeiten und hilfreichen Anmerkungen während des Schreibprozesses.

1 Theoretische Grundlagen

1.1 Sexualisierte Gewalt und Vergewaltigung

Der Begriff der »sexualisierten Gewalt« beschreibt eine Form von Gewalt, die sich sexueller Mittel bedient. Somit sei sie »reiner Ausdruck von Aggression«, die, so Ruth Seifert (1996), nichts mit Sexualität zu tun habe. Die Ansicht, dass Macht- und Dominanzmotive hierbei über einem sexuellen stehen, findet sich vielfach in der zum Thema verfassten Literatur (vgl. Mischkowski 2006; Springer 2005). Sexualisierte Gewalt sei geschlechtsbezogene Gewalt, meint auch die Mitarbeiterin der Frauenrechtsorganisation *medica mondiale*, Gabriela Mischkowski (2006) (vgl. auch Niarchos 1995). Dies mache diese Gewaltform zu einer Waffe gegen Frauen. Nicht nur Vergewaltigungen zählten hierzu, sondern auch alle anderen Übergriffe, die den menschlichen Intimbereich verletzen. Umgangssprachlich wird für die beschriebene Gewaltform häufig der Begriff der »Vergewaltigung« oder der »sexuellen Gewalt« gebraucht. Juristisch gesehen bedeutet

> »Vergewaltigung, [dass ...] der Täter mit dem Opfer den Beischlaf vollzieht oder ähnliche sexuelle Handlungen an dem Opfer vornimmt oder an sich von ihm vornehmen lässt, die dieses besonders erniedrigen, insbesondere, wenn sie mit einem Eindringen in den Körper verbunden sind [...]« (§177 StGB).

Vergewaltigung gilt dabei als eine besonders schwere Form von »sexueller Nötigung«. Diese beinhaltet, dass

> »eine [...] Person [eine andere] mit Gewalt, durch Drohung mit gegenwärtiger Gefahr für Leib oder Leben oder unter Ausnutzung einer Lage, in der das Opfer der Einwirkung des Täters schutzlos ausgeliefert ist, nötigt, sexuelle Handlungen des Täters oder eines Dritten an sich zu dulden oder an dem Täter oder einem Dritten vorzunehmen [...]« (§177 StGB).

Laut der Definition von Gabriela Mischkowski (2006) beinhaltet »sexualisierte Gewalt« somit sowohl den Akt der Vergewaltigung als auch der sexuellen Nötigung. Sogenannte Vergewaltigungsmythen (vgl. Weiss 1982), allgemeine Vorstellungen darüber zum Beispiel, ab wann von »Vergewaltigung« gesprochen wird, beeinflussen sowohl das alltägliche Handeln vieler Frauen als auch die Justiz, so Barbara Krahé (1989). Juristische Personen wie Polizisten und Richter würden ebenso von entsprechenden Konzepten und Stereotypen beeinflusst. Dies sei vor allem relevant, wenn es um die gesellschaftliche Aufmerksamkeit und die Anerkennung als Opfer geht. Schwarz und Brand (1983) berichten von einer sozialen Rollenbildung der Frau in der Gesellschaft, die von vorherrschenden stereotypen Vorstellungen abhängig ist. Dass erzwungener Verkehr durch den Ehepartner seit 1997 strafrechtlich als »Vergewaltigung« gilt, kann sowohl für ein sich wandelndes Rollenverständnis als auch für sich diesbezüglich verändernde Rollen-Stereotypien als exemplarisch angesehen werden. Das Buch *Against Our Will: Men, Women, Rape (Gegen unseren Willen. Vergewaltigung und Männderherrschaft)* von Susan Brownmiller (1975) gilt als wichtige, aber auch viel kritisierte sozialhistorische Analyse der Vergewaltigungsthematik (Costin/Schwarz 1987). Wie auch Ruth Seifert (1993) argumentiert, diene eine Vergewaltigung keinesfalls der Triebbefriedigung, sondern vielmehr der Artikulation von »Wut, Gewalt und Herrschaft über eine Frau« (ebd., S. 87). Eine hierzu deutlich kontroverse Theorie der »sexuellen Gewalt«[1] vertreten der Biologe Randy Thornhill und der Anthropologe Craig Palmer. In ihrem 2000 herausgegebenen und

---

1 Wenn nicht ausdrücklich definiert, werden die Begriffe »sexualisierte Gewalt«, »sexuelle Gewalt« und »Vergewaltigung« aus Gründen der Vereinfachung nachfolgend synonym verwendet.

umstrittenen Werk *A Natural History of Rape* gilt die menschliche, wie auch die animalische Vergewaltigung als Mittel zur Triebbefriedigung und daher als adaptiv im Selektionskampf der Evolution.

Zusammengefasst lässt sich sagen, dass die Literatur zum Thema Vergewaltigung als sehr umfassend zu beschreiben ist. Besonders aus den 80er Jahren lassen sich zahlreich Studien finden, die sich mit den Motiven (vgl. Groth/Hobson 1986) oder der gesellschaftlichen Bedeutung von Vergewaltigung (Clausen 1987; Krahé 1989) beschäftigen. Spätere Berichte befassen sich mehr und mehr mit den psychischen Konsequenzen für die Opfer. So schreibt Maren Licht (1991) über psychosoziale Folgen (vgl. auch Feldmann 1992) und Verarbeitungsprozesse nach erlebter sexueller Gewalt. Bei Binting (2004) finden sich verschiedene Ansätze zu den Motiven von Vergewaltigungen. Aktuell spielt in vielen Abhandlungen immer häufiger die Vergewaltigung im Kriegskontext eine Rolle (vgl. Burkhardt 2005; Griese 2006; Jacobs 2008). Auf diese Form der Gewaltausübung soll im Folgenden Bezug genommen werden. Im weiteren Verlauf des anschließenden Kapitels folgt eine theoretische und historische Betrachtung sexualisierter Kriegsgewalt im Allgemeinen sowie speziell der bis dato kaum beleuchteten Geschehnisse am Ende des Zweiten Weltkriegs. Eine Klärung der Tätermotivation ist für die vorliegende Arbeit nicht relevant und auch kaum möglich. Letztlich werden mithilfe der Literatur einige mögliche Ursachen beschrieben.

1.2 SEXUALISIERTE KRIEGSGEWALT

»Männer, die im Krieg vergewaltigen, sind ganz normale Alltagstypen, die ihre Normalität verlieren, wenn sie in den exklusivsten Männerclub der Welt eintreten« (Brownmiller 1975).

1.2.1 DEFINITION UND ERKLÄRUNGSANSÄTZE

In ihrem viel zitierten Werk *Massenvergewaltigung – Krieg gegen die Frauen* (1993) stellt Alexandra Stiglmayer im Vorwort die rhetorische Frage, warum Eroberer eines Landes nicht die mächtigste ihnen verfügbare Waffe einsetzen sollten, um eine Bevölkerung und damit viele Frauen zu überwältigen. Vergewaltigungen, ob in Friedens- oder Kriegszeiten verübt, haben laut Niarchos (1995) gemeinsam, dass Frauen in einen Zustand der Hilflosigkeit versetzt würden, der ihnen das Gefühl gebe, der Gnade des Mannes ausgeliefert zu sein. Ein weiterer Aspekt, der häufig im Zusammenhang mit Kriegsver- gewaltigung beschrieben wird und diesem Tatbestand nahekommt, ist die Zwangsprostitution. Hierbei werden Frauen für Soldaten zum Verkehr zur Verfügung gestellt (vgl. Mischkowski 2006; vgl. Kapi- tel 1.2.2).

Im Krieg wird sich gewaltsamer Mittel bedient. Es sollte daher nicht verwundern, dass Vergewaltigungen in diesen Zeiten schon immer gehäuft zu finden waren (vgl. Brownmiller 1975; Kuwert/Freyberger 2007a). Die Erklärungen dafür, dass Frauen als »Kriegsbeute« in fast jedem Krieg eine Rolle spielen, sind vielfältig. Folgend sollen einige davon ein grobes Bild männlicher Motive zeichnen.

»Kriege sind nicht alle gleich, und jeder Krieg liefert spezifische Mo- tivationen zu vergewaltigen« (Stiglmayer 1993). Kriegsvergewaltigungen können als militärisch taktisches Mittel eingesetzt werden. Dies zeigt sich im Zusammenhang mit dem Bosnienkrieg und den Vergewalti- gungen von über 20.000 bosnischer und kroatischer Frauen (vgl. von Welser 1993; Kappeler/Renka/Beyer 1994). Weiter nennen Lončar et al. (2006) drei Gründe für soldatische Vergewaltigungen am Beispiel des Krieges zwischen Kroatien und Bosnien-Herzegowina: Ein Ziel sei, die Gegnerpartei zu ängstigen, zum Beispiel, um diese leichter ausrauben zu können. Hier seien häufig einzelne Frauen die Opfer, die die Angst schnell weiter trügen. Sogenannte »Massenvergewaltigungen« durch mehrere Männer gehören ebenfalls hierzu: Die Dörfer sollten aus Angst verlassen werden. Durch derart große Angriffe würden zugleich die Männer geschwächt und somit leichter angreifbar. Ein dritter Grund für eine Kriegsvergewaltigung sei einfach der »Spaß« der Soldaten. Hier spielt auch die oben bereits erwähnte Zwangsprostitution eine Rolle (vgl. hier auch Niarchos 1995). Laut Antony Beevor (2002) habe Stalin für sein russisches Heer allein dieses Ziel im Blick gehabt, als im Frühjahr 1945 deutsches Gebiet erreicht wurde.

Das von Karin Griese und *medica mondiale* veröffentlichte Buch *Sexualisierte Kriegsgewalt und ihre Folgen* (Griese 2006) beschreibt umfassend diese Form der Gewalt, zeigt ihren ausführlichen Verlauf in der Geschichte, beschreibt die eigene Arbeit mit und für traumatisierte Frauen weltweit und versucht, Erklärungsansätze zu finden, wie und warum Übergriffe gegen Frauen vor allem in Krisengebieten stattfinden. Die Mitautorin Gabriela Mischkowski (2006) nennt als weiteren Grund für Soldaten, Frauen der gegnerischen Partei zu überwältigen, den Drang, sich als Nation ein Gefühl der Überlegenheit zu verschaffen, indem der feindlichen Gruppe Ohnmacht und Schwäche attestiert wird. Hierzu dient der weibliche Körper der Gegner als Symbol. Dadurch, dass der Besitz einer Frau lange als Potenzbeweis galt und in manchen Kulturen noch immer stark mit dem Ehrgefühl eines Mannes verbunden ist, können Männlichkeit und Macht des Gegners beschnitten werden, indem ihm dessen Frau genommen wird (Brownmiller 1975; Mischkowski 2006). »Fundamentale Funktion von Vergewaltigung ist Dominanz«, so Claudia Card (1996). Im Kriegskontext habe sie somit eine symbolische soziale Bedeutung, diene eine Vergewaltigung somit der Kommunikation (vgl. auch Card 1996; Seifert 1993). Neben der Mitteilung an den Gegner, habe die Vergewaltigung zudem die Funktion, die Gruppendynamik zu unterstützen: Durch Massenvergewaltigungen werden Hierarchien gefestigt und das Gruppengefühl gestärkt. Welche Motivation einer Ideologie zugrunde liegt, die Massenvergewaltigung als Mittel der Kriegsführung aufweist, ist abhängig von der jeweiligen Art der Kriegsführung und vom Kriegsziel (Mischkowski 2006). Der Unterschied zwischen Vergewaltigung in Friedens- und in Kriegszeiten, so Claudia Card (1996), bestehe darin, dass im ersteren Fall der Täter persönliche Ziele verfolge, wohingegen in letzterem die Vertreibung und Ängstigung einer Menschengruppe, also das übergeordnete Ziel des eigenen Heers, im Vordergrund stehe. Dies bedeutet jedoch nicht, dass Kriegsvergewaltigungen nicht auch aus privater Bedürfnisbefriedigung des Soldaten geschehen (vgl. Anonyma 2003; Beevor 2002; Lončar et al. 2006). Im Folgenden soll weiter auf die Besonderheiten von Vergewaltigungen in Kriegs- und Krisenzeiten eingegangen werden.

1.2.2 Besonderheiten von sexualisierter Gewalt im Kriegskontext

Frauen und Kinder sind der Gefahr von sexuellem Missbrauch in Kriegszeiten besonders stark ausgesetzt. Dieses Risiko besteht auch über die Krisenzeit hinaus (Shanks/Shull 2000). Viele werden im oder nach dem Krieg verschleppt und zur Prostitution in hierfür umfunktionierten Hotels gezwungen (vgl. Mischkowski 2006; von Welser 1993; Card 1996). Am Beispiel der Militärbordelle der deutschen SS im Zweiten Weltkrieges zeigt sich, wie schnell in Kriegszeiten »Gesetze« außer Kraft gesetzt werden. So wurde die Zwangsprostitution und Versklavung Tausender jüdischer Frauen mit dem männlichen Trieb gerechtfertigt, der gebändigt werden musste, um Vergewaltigungen zu verhindern (vgl. Mischkowski 2006; Seifert 1993; Wullweber 1993).

Neben körperlichen Verletzungen resultieren psychische Folgeschäden aus den erlebten sexuellen Übergriffen sowie aus anderen traumatischen Kriegserfahrungen, wie Bombardierungen, der Verlust naher Menschen oder der Heimat (Kuwert/Freyberger 2007a). Diese *multiple*, also mehrfache Traumatisierung bedeutet eine besonders große Vulnerabilität für Traumafolgestörungen, wie zum Beispiel die Posttraumatische Belastungsstörung (PTBS) (vgl. Ford et al. 2006; Higgins/Follette 2002). Laut Maercker und Müller (2004) ist die soziale Anerkennung als Traumaopfer ein wichtiger protektiver Faktor in Bezug auf die Ausbildung einer Posttraumatischen Belastungsstörung. Dies macht die Thematik der sexualisierten Kriegsgewalt zu einer besonders schwierigen und sensiblen, denn Frauen, die besagte Übergriffe durchleben mussten, entwickelten, anders als bei den meisten anderen erlebten Traumata, starke Schamgefühle. Dies verhindere in vielen Fällen eine Selbstöffnung und mache damit die Anerkennung als Traumaopfer schwerer (Kuwert/Freyberger 2007a). Des Weiteren behindere die lange Tabuisierung dieser Form von Gewalt sowohl die gesellschaftliche als auch private Aufarbeitung (vgl. Sander/Johr 1995; Mischkowski 2006; von Welser 1993; Kappeler/Renka/Beyer 1994). Die folgende Kurzchronik gibt einen Überblick über sexualisierte Kriegsgewalt in Vergangenheit und Gegenwart.

1.2.3 EINE CHRONIK

Vergewaltigungen gehören schon immer zum Kriegsgeschehen, so Ruth Seifert (1993). Kriegsvergewaltigungen seien überall als unvermeidliches Nebenprodukt eines Krieges betrachtet und häufig als bloße »Soldateska«, als zügelloses Verhalten eines »Soldatenhaufens«, abgetan worden (von Welser 1993, S. 67f.). Frauen seien »bedauerliche« Opfer, die Übergriffe aber nicht zu vermeiden. Doch obwohl dieses Frauenschicksal als selbstverständlich und unausweichlich beschrieben wird, haben schon sehr früh in unserer Geschichte Verbote gegen sexualisierte Übergriffe auf Frauen in Kriegen bestanden. So sei die Kriegsvergewaltigung, die zum Beispiel schon während der ersten Kreuzzüge gehäuft vorkam (Brownmiller 1975, S. 38), bereits in den Kriegen des Mittelalters und der europäischen Neuzeit streng verboten gewesen. Gründe hierfür sind die Angst vor einer Gefährdung der Gruppendisziplin und vor Geschlechtskrankheiten (Mischkowski 2006). Geahndet wurden Vergewaltigungen jedoch auch damals kaum. Eine Lösung war bereits zu dieser Zeit die Einrichtung von Militärbordellen, so Mischkowski.

➤ Im Ersten Weltkrieg gab es Vergewaltigungen: Deutsche Truppen überfielen in großem Maße belgische Frauen während des dortigen Vormarschs.

➤ Die japanischen Massenvergewaltigungen, die 1937 im chinesischen Nanking verübt wurden gingen als »Vergewaltigung von Nanking« in die Geschichte ein.

➤ In Italien überfielen 1943 marokkanische Soldaten zahlreiche Frauen. Die italienische Regierung gestand den Betroffenen nach dem Krieg eine kleine Rente zu (vgl. Brownmiller 1975, S. 38–39; Seifert 1993).

➤ Während des deutschen Russlandfeldzuges im Zweiten Weltkrieg vergewaltigten SS und Wehrmacht viele sowjetische Frauen. Trotz Beschwerden der Wehrmachtstelle angesichts des Ausmaßes blieb der Großteil der Übergriffe auf sowjetische Frauen ungestraft, da sie die »Manneszucht« oder die Truppensicherheit nicht gefährdeten (Mischkowski 2006). Um den unkontrollierbaren Verkehr der Soldaten einzuschränken, wurden Hunderte Militärbordelle eingerichtet, in denen sowjetische Frauen sexuell versklavt wurden.

➤ 1945 kam es zu einer Vergewaltigungswelle durch die russische Armee beim Vormarsch nach Berlin. Bis zu zwei Millionen Frauen wurden hierbei allein durch russische Alliierte missbraucht (Messerschmidt 2006; Jacobs 2008; Sander/Johr 1995).

➤ Im 1946 beginnenden Vietnamkrieg vergewaltigten amerikanische GIs viele einheimische Frauen.

➤ Zwischen 1939 und 1945 wurden mehrere 100.000 Koreanerinnen Opfer sexualisierte Übergriffe der Japaner. Viele wurden verschleppt und sexuell versklavt. 1992 wehrten sich viele der Betroffenen vor japanischen Gerichten, erhielten Recht und bekamen finanzielle Entschädigungen.

➤ In Bangladesh erlebten 1971 gegen Kriegsende rund 200.000 Frauen Überfälle durch die pakistanische Armee.

➤ 1991 erlitten die Frauen in Kuwait ein ähnliches Schicksal beim Einmarsch der Irakis (zur Chronik vgl. Stiglmayer 1993; Mischkowski 2006).

Außergewöhnlich in der Geschichte der Kriegsvergewaltigungen sei der Krieg auf dem Balkan (Seifert 1993). Stiglmayer beschreibt in *Massenvergewaltigung – Krieg gegen die Frauen* (1993) die besondere Motivation der serbischen Truppen, die muslimische und kroatische Bevölkerung zu zermürben, verbunden mit dem Ziel, sie zu *vertreiben*. Dieses Ziel mache den Krieg zu einem speziellen und die Mittel zu besonders harten. Massenvergewaltigung sei gezielt als Instrument der »ethnischen Säuberung« eingesetzt worden (vgl. Lončar et al. 2006; Kozaric-Kovacic et al. 1995; Dutton 2005).

Ein strafrechtlicher Meilenstein ist die Anerkennung von Kriegsvergewaltigungen als Kriegsverbrechen und als Verbrechen gegen die Menschlichkeit im Rahmen des Militärtribunals von Nürnberg im Jahr 1949 (Nürnberger Prozesse). Das vierte Genfer Rotkreuzabkommen »zum Schutz von Zivilpersonen in Kriegszeiten« soll seitdem Frauen in Kriegen gegen Vergewaltigungen schützen. Ein jeder Vertragspartner – mittlerweile haben über 100 Staaten dieses Abkommen ratifiziert – ist nach heutigem internationalem Strafrecht zur Verfolgung von »Verstößen« gegen die Konvention verpflichtet (Mischkowski 2006).

In den zahlreichen aktuellen Krisengebieten der Welt zeigt sich die Bandbreite kriegerischer Gewaltausübung mit sexualisierten Mitteln.

Shanks und Shull (2000) berichten von dokumentierten, weitverbreiteten Vergewaltigungen im Rahmen kriegerischer Auseinandersetzungen. Auch aktuell wird von sexualisierter Gewalt in Kriegsgebieten wie beispielsweise Afghanistan, der Demokratischen Republik Kongo oder Ruanda berichtet (www.medicamondiale.org). Aktuell, im Juni 2011, wirft der Chefankläger des Internationalen Strafgerichtshofs in Den Haag dem libyschen Diktator Gaddafi vor, im Rahmen der jüngeren Aufstände systematische Massenvergewaltigungen angeordnet zu haben. Regimekritische ZivilistInnen, so mediale Berichte, sollten damit geschwächt und bestraft werden. Möglicherweise seien gezielt Potenzmittel eingesetzt worden (www.spiegel.de).

Sexualisierte Gewalt findet sowohl innerhalb als auch außerhalb eines Kriegsschauplatzes statt (vgl. Kapitel 1.2.1). Wie bereits beschrieben, sind die Ursachen für Kriegsvergewaltigungen komplex und laut Kirsten Poutrus (1995) »jeweils historisch determiniert«.

Im folgenden Kapitel sollen Übergriffe gegen Frauen am Beispiel der deutschen Geschichte des Jahres 1945 betrachtet werden. Im Frühjahr 1945, zu einem Zeitpunkt also, als der Zweite Weltkrieg fast zu Ende war, rückten russische Truppen auf deutsches Gebiet vor und vergewaltigten während ihres Vorrückens und im Zeitraum der Besatzung fast zwei Millionen Frauen (Beevor 2002, S. 410; Johr 1992, S. 46ff.). Hierbei handle es sich um sexualisierte Gewalt, die nicht als Kriegsstrategie im engeren Sinne angewandt worden sei, so lautet die verbreitete Meinung (Poutrus 1995; Messerschmidt 2006).

1.2.4 SEXUALISIERTE KRIEGSGEWALT AM ENDE DES ZWEITEN WELTKRIEGS

> »Wenn wir Gift gehabt hätten, hätten wir's gemacht« (Gertrud W., 89 Jahre).

1.2.4.1 FAKTEN

Helke Sander (1995) nennt als ein Motiv für ihre Recherche zum Thema Sexualisierte Kriegsgewalt am Ende des Zweiten Weltkriegs in Deutschland, dass sie das wahre Ausmaß dieser Übergriffe erfassen wollte. Ihr Ziel sei es gewesen, herauszufinden,

> »ob es sich bei diesen Vergewaltigungen um Ausschreitungen handelte, die mit dem allgemeinen Zusammenbruch und dem Sieg über Deutschland nach einem schrecklichen Krieg erklärt werden konnten und die Gerüchte über die Massenhaftigkeit lediglich propagandistisch hochgeschraubt wurden oder ob es dabei um ein singuläres Massenereignis ging, bei dem es nicht ausreicht, auf die allgemeine Verrohung im Krieg zu verweisen« (Sander 1995, S. 11).

Die Autorin kommt zu dem Schluss, dass es sich sehr wohl um ein singuläres Ereignis handelte, das aus damaliger Sicht lediglich mit dem Einmarsch der Japaner in der chinesischen Stadt Nanking im Jahr 1937 zu vergleichen sei (vgl. Kapitel 1.2.3).

Am 12. Januar 1945 rückten rund 3,5 Millionen russische Soldaten unter Stalins Herrschaft über Ostpreußen, Polen, Pommern und Schlesien nach Berlin vor. Die deutschen Truppen seien dem sowjetischen Heer zahlenmäßig deutlich unterlegen gewesen, sodass die Zivilbevölkerung der Waffengewalt nahezu schutzlos ausgeliefert war (Jacobs 2008). Insgesamt seien in den darauffolgenden Monaten etwa 1,9 Millionen Frauen vergewaltigt worden, so Gerhard Reichling (Sander/Johr 1995). Hierzu lassen sich in der Literatur verschiedene Zahlen finden (vgl. Messerschmidt 2006; Jacobs 1995), denn eine Angabe genauer Fakten erscheint bei dieser Thematik, besonders vor dem Hintergrund der Tabuisierung, unmöglich (vgl. Grossman 1995). Fakt sei jedoch, dass das »Schicksal der Ostbesatzungszone ein besonderes« ist (vgl. Sander/Johr 1995, S. 46ff.; Schmidt-Harzbach 1984; Messerschmidt 2006). Deshalb werden in der vorliegenden Studie besonders die Vergewaltigungen durch Angehörige der russischen Armee betrachtet. Dies soll das Ausmaß der Übergriffe durch andere Alliierte jedoch nicht leugnen. So existieren Berichte, die Übergriffe durch amerikanische, britische und französische Soldaten dokumentieren (vgl. Sander/Johr 1995). Über amerikanische Soldaten heißt es in manchen Quellen, sie brauchten keine rohe Gewalt, um eine Frau für sich zu gewinnen, ihr Auftreten oder Güter wie Nylonstrümpfe und Schokolade hätten als Gegenleistung ausgereicht (Grossman 1995; vgl. Mischkowski 2006; Schmidt-Harzbach 1984). In Süddeutschland habe es Tausende Vergewaltigungen durch französische Alliierte gegeben, obwohl solche Gewaltakte, ebenso wie bei den anderen alliierten Truppen, offiziell verboten gewesen seien (Mischkowski 2006). Zu Vergewaltigungen in der britischen Besatzungszone gebe es dagegen kaum Berichte, so Barbara Johr (Sander/Johr 1995).

In der russischen Besatzungszone war das Ausmaß der gewaltsamen Übergriffe auf deutsche aber auch auf beispielsweise polnische oder ukrainische Frauen demnach besonders groß. Die Erklärungen hierfür sind unterschiedlich. Antony Beevor (2002) verneint in diesem Zusammenhang die Theorie, dass Vergewaltigungen als Kriegsstrategie eingesetzt wurden, wie es im Bosnienkrieg der Fall gewesen ist (vgl. von Welser 1993; Mischkowski 2006). Vielmehr sei der männliche Geschlechtstrieb der Grund für die Übergriffe gewesen sowie das Angst- und Mürbemachen der Bevölkerung (vgl. Lončar et al. 2006; Thornhill/Thornhill 1983). Auch Gabriela Mischkowski (2006) nennt die Tatsache, dass es sich um das Kriegsende handelte, als Hinweis dafür, dass die stattgefundenen Vergewaltigungen keinen strategischen Hintergrund hatten. Weitere Erklärungsansätze, die immer wieder genannt werden, sind das Ausbilden eines Gruppengefühls, einer Hierarchie und eines Selbstwertgefühls oder das besondere Verhältnis zwischen Mann und Frau in der patriarchalischen stalinistischen Gesellschaft. Letzteres räume dem Mann besondere Macht ein, so Messerschmidt (2006). Die russische Vorstellung vom »Besitz« einer Frau gebe das Gefühl, man könne den Gegner besonders schwächen, wenn man ihm diese nähme (zu den Erklärungsansätzen für sexualisierte Kriegsgewalt vgl. Kapitel 1.2.1). Rachegefühle gegenüber SS und Wehrmacht seien ein Grund gewesen, es den »Deutschen« gleich zu tun, obwohl die Soldaten der Roten Armee laut Schmidt-Harzbach (1984) geschult wurden, moralisch zwischen Kombattanten und Zivilbevölkerung zu unterscheiden. Zusätzlich habe der Alkoholeinfluss, unter dem die meisten russischen Soldaten häufig standen, Einfluss auf ihre Enthemmung gehabt (Schmidt-Harzbach 1984; Anonyma 2003). Insgesamt, so fasst Kirsten Poutrus (1995) die Motivation der russischen Soldaten zusammen, sei das Verhalten einer Truppe immer vom Vorgesetzten abhängig gewesen. Allein ein »Ursachenkomplex« könne solches Verhalten erklären.

Frauen hatten bereits vor der Ankunft der Roten Armee Angst vor dem, was kommen würde, so Ingrid Schmidt-Harzbach (1984), die nach Susan Brownmiller als Vorreiterin der Thematisierung von (Kriegs-)Vergewaltigungen genannt werden kann (Poutrus 1995). Die nationalsozialistische Propaganda-Maschinerie habe die Bevölkerung in verschiedenen Medien auf den sogenannten »russischen Untermenschen« »vorbereitet«, sodass die Angst vor dessen angeblicher Unmenschlichkeit und Triebhaftigkeit angeheizt wurde. Diese Beschreibung der russischen Gegner als unbändigbar sei laut Atina Grossman (1995) für die deutschen Männer hilfreich gewesen, sich von Schuld und Scham über das Los ihrer Frauen freizusprechen. In diesem Rahmen muss jedoch angemerkt werden, dass nachträgliche Berichte über die damaligen Geschehnisse nicht unbeeinflusst von solchen Darstellungen sind (vgl. auch Grossman 1995). So erzählen Zeitzeugen zum Beispiel, dass der russische Schriftsteller Ilja Ehrenburg das sowjetische Heer damals durch seine Schriften aufgehetzt habe. Ob wahr oder nicht, Bilder solcher Art können Erinnerungen an die Geschehnisse und somit die Berichterstattung in Literatur und Forschung verfälschen, was die Auswertung primärer und auch sekundärer Quellen erschwert (vgl. Schmidt-Harzbach 1984).

Die Vergewaltigungen betrafen sowohl junge als auch alte Frauen und Kinder. Väter und Ehemänner seien häufig Zeugen gewesen (Schmidt-Harzbach 1984). Viele Frauen entwickelten Strategien, um sich zu schützen. Man habe versucht, sich mit Brillen, Schmutz oder Kopftüchern älter und unansehnlicher zu machen, habe Menstruation oder Krankheit vorgetäuscht, sich auf Heu- oder Hängeböden versteckt, unter Betten, in Karren etc. (vgl. Anonyma 2003; Schmidt-Harzbach 1984; Jacobs 2008, S. 21ff.). Zahlreiche Frauen bekamen durch die Vergewaltigungen Geschlechtskrankheiten oder die Regel blieb aus. Nicht selten litten die Betroffenen lebenslang an den Folgeschäden oder starben sogar daran, so der Autor Gerhard Reichling, der sich viel mit dem Schicksal der deutschen Vertriebenen beschäftigt hat (Sander/Johr 1995). Etwa 200.000 Frauen haben die Traumatisierung nicht verkraftet und sich das Leben genommen (Messerschmidt 2006; Mischkowski 2006). Insgesamt ist von fast 300.000 Kindern die Rede, die durch Vergewaltigung gezeugt worden seien. Schätzungen zu Abtreibungszahlen sind kaum zu machen, da laut Barbara Johr (1995) nicht bekannt ist, wie viele Kinder nach der Geburt starben oder getötet wurden (Sander/Johr 1995). Atina Grossman (1995) nennt als Grund für Abtreibungen neben sozialen, finanziellen und moralischen Erwägungen auch rassistische. Nicht alle Abtreibungen seien vom Staat unterstützt worden. So sei es verboten gewesen, ein Kind aus einer Vergewaltigung mit einem Westalliierten abzutreiben, wohingegen es vorgeschrieben war, den Abbruch einer Schwangerschaft mit einem Kind russischer Herkunft durchführen zu lassen (Schmidt-Harzbach 1995; Sander/Johr 1995). Schmidt-Harzbach (1995) berichtet von einem generell herrschenden »stillschweigenden Einvernehmen« zwischen Ärzten, Richtern und der Polizei, was illegale Abtreibungen anbelangt. Grossman (1995) spricht von einem aus der Not heraus sehr schnell und gut ausgebauten Gesundheitssystem. Ein Kind zu gebären, das nicht vom eigenen Ehemann stammt, habe für die meisten Frauen bedeutet, den Mann zu verlieren, wenn dieser sie nicht bereits allein aufgrund der Vergewaltigung verstoßen hatte (vgl. Poutrus 1995; Anonyma 2003). Schutz haben die Frauen teilweise von den ansässigen Kommandanturen, den zentralen Verwaltungspunkten der Truppen innerhalb eines Ortes erwarten können, denn offiziell waren den Soldaten Vergewaltigungen verboten. In Berlin sei bei Verstoß bald härter durchgegriffen worden, als das Ausmaß der Übergriffe nach Russland vorgedrungen war. Man erkannte die Gefährdung des künftigen Zusammenlebens mit der deutschen Bevölkerung, so Mischkowski (2006). Verhindert werden konnten jedoch nur die allerwenigsten Übergriffe.

1.2.4.2 Kritische Aufarbeitung

Fallzahlen, wie im vorhergehenden Abschnitt bereits geschehen, zu nennen, erscheint im Kontext eines Themas wie diesem immer schwierig. Dokumentationen, die schildern, was Frauen in den letzten Kriegstagen des Jahres 1945 erleben mussten, werden häufig kritisiert (vgl. Kappeler/Renka/Beyer 1994; Grossman 1995; Poutrus 1995). So wird Helke Sander und ihrem gemeinsam mit Barbara Johr herausgegebenen Buch *BeFreier und Befreite* (1995) Populismus vorgeworfen, der vor allem durch »Opferzahlen« gestützt sei. Rassistische Hintergründe, so Kritiker, haben die Autorin und Filmemacherin dazu gebracht, in Buch und Film auf die Sorgen damaliger Vergewaltigungsopfer, ein »Russenkind« zu gebären, einzugehen. Grossman (1995) bespricht im Rahmen einer Kritik an dieser Form der Aufarbeitung die deutsche Schuldfrage sowie die Verantwortung berichtender Historiker, Feministen etc., um ein differenziertes Bild zu zeichnen, das der »Komplexität dieser Geschichte« gerecht wird. Die Sensibilität, die sich bei der Berührung mit dem Frauenschicksal von 1945 immer wieder zeigt, erscheint somit als Ursache und Konsequenz der bisherigen Verarbeitung. Es wird argumentiert, dass eine deutsche Aufarbeitung der vielen Opfer gegen Kriegsende und somit der Deutschen als Opfer an sich mit Vorsicht zu genießen sei, um nicht andere zum »Täter« zu machen und von der eigenen Schuld abzulenken. Die Wahrnehmung der Deutschen als Opfer könne als »gefährliches Wiederaufleben« des Nationalsozialismus interpretiert werden, beziehungsweise »den zunehmenden Nationalismus« in Deutschland unterstützen. (Kappeler/Renka/Beyer 1994, S. 7; Grossman 1995). Kappeler et al. kritisieren darüber hinaus einen »sexistischen« Umgang bei der Aufarbeitung der (Nach-)Kriegsgeschehnisse. Die Medien, auch solche, die als feministisch gelten, »pornographierten« die Erfahrung der Frauen und degradierten diese zum bloßen Opfer, statt zur Überlebenden (Kappeler/Renka/Beyer 1994, S. 8).

Wenn hier von Aufarbeitung die Rede ist, meint dies die Auseinandersetzung einiger Autoren und Wissenschaftler mit dieser Thematik. Im Großen und Ganzen ist jedoch laut Kuwert (2007a, b) zu betonen, dass sexualisierte Kriegsgewalt im Zweiten Weltkrieg nach wie vor ein Tabu bzw. im Privaten für viele noch ein Geheimnis ist (vgl. auch Mischkowski 2006). In vielen Abhandlungen wird darüber spekuliert, warum dieser Teil der deutschen Kriegsgeschichte so lange tabuisiert wurde (vgl. Mischkowski 2006; Poutrus 1995; Schmidt-Harzbach 1984; Grossman 1995). Poutrus (1995) beschreibt ein Scham- und Schuldgefühl, das in der damaligen Zeit grundsätzlich mit Sexualität einherging, und die Angst, der eigene Ehemann könne sich, wenn er von den Übergriffen erfährt, abwenden (vgl. auch Anonyma 2003; Sander/Johr 1995). Weiter sei es »von Oben« nicht gern gesehen gewesen, wenn man sich mit dem Thema beschäftigte, da man befürchtete, dass eigene Taten während der Kriegszeit zur Sprache kommen könnten. Ein gänzliches Verbot, den »Großen Bruder« Sowjetunion anzuklagen, gab es später im Osten Deutschlands. Wie oben bereits angedeutet, bestanden damals ebenso wie heute Skrupel vor einem deutschen Opferdiskurs, der zu leicht ei-

ner nationalsozialistischen Ideologie zugeordnet werden konnte, meint
Poutrus (1995) (vgl. auch Grossman 1995). Laut Grossman (1995) gab
es um 1945 sehr wohl eine gesellschaftliche Sensibilität für das Schicksal
der Frauen, allein schon deshalb, weil die resultierenden Verletzungen,
Krankheiten und Schwangerschaften eine politische und medizinische
Herausforderung darstellten.

Noch oder gerade erst jetzt, nach den vergangenen 50 Jahren, treten
Frauen mit ihren Erfahrungen in die Öffentlichkeit und reden – teilweise
im Schutze der Anonymität – offen über die damalige Zeit (vgl. Sander/
Johr 1995; Jacobs 2008). Viele haben noch Jahrzehnte später große Angst
vor Menschen mit russischer Nationalität, so Ingrid Schmidt-Harzbach
(1984). Häufig schildern Frauen nicht die persönliche Geschichte, sondern
die Zeit und die Erfahrungen, die kollektiv verarbeitet werden mussten,
sowie die erlebte sexualisierte Gewalt im Rahmen des »allgegenwärtigen«
Krieges (vgl. auch Kuwert/Freyberger 2007a, b). Erich Kuby (1965)
schildert in seiner Abhandlung über die russische Besetzung Berlins 1945
die zentrale Rolle der Frauen beim Wiederaufbau Berlins Ende der 40er
Jahre. Männer sanken bei vielen Frauen im Ansehen als »Beschützer«. Die
wenigsten Männer seien zu dieser Zeit in der Lage gewesen, als solche zu
fungieren (Schmidt-Harzbach 1984; Anonyma 2003; Sander/Johr 1995).
Trotz alledem, oder gerade deswegen, seien die Frauen von 1945 nicht
nur Opfer, sondern auch Akteure gewesen, schreibt Grossman (1995) in
ihrer Auseinandersetzung mit der Aufarbeitung der Begebenheiten. Auch
seien die subjektiven Berichte der Zeitzeuginnen aus einem kritischen
Blickwinkel, nämlich dem der damaligen nationalsozialistisch geprägten,
durch einen Krieg traumatisierten Gesellschaft heraus, zu betrachten.
Wie bereits beschrieben, lassen sich jedoch auch heute, trotz eines neuen
Interesses an der Thematik, nur wenige Berichte von damals betroffenen
Frauen finden. Die »Trümmerfrauen« (vgl. Arnold 1999) waren mit dem
Wiederaufbau ihrer Lebensgrundlage beschäftigt. So sei das geteilte
Schicksal der Kriegsvergewaltigungen nach und nach in den Hintergrund
gerückt (vgl. Sander/Johr 1995; Poutrus 1995). Brähler und Kollegen
(2004) beschreiben im Rahmen ihrer Forschung mit Kriegskindern des
Zweiten Weltkriegs das »Funktionieren« im Alltag nach Kriegstrauma-
tisierung, das für Kriegszeugen charakteristisch sei und auf den ersten
Blick auf eine gute Verarbeitung der Erlebnisse schließen lasse. Dies sei

jedoch einer Verdrängung des Erlebten zuzuschreiben, denn posttrauma-tische Symptome können durchaus nach mehr als 50 Jahren vorgefunden werden (siehe Kapitel 1.3.2 zur Retraumatisierung im Alter).

Somit fehle den meisten der damals kriegsvergewaltigten Frauen ein Trauerritus, der aber für die Verarbeitung des Erlebten wichtig gewesen wäre (vgl. Poutrus 1995; Kuwert/Freyberger 2007a, b). Während des Einmarsches der russischen Armee und in den darauffolgenden Wochen war es möglich, sich über Erlittenes auszutauschen, was verschiedene Verarbeitungsmechanismen oder praktische Hilfestellungen verfügbar machte (vgl. Anonyma 2003; Sander/Johr 1995; Jacobs 2008). Mit dem Beginn des Neuaufbaus und der Reorganisation des eigenen und des Familienlebens rückten Gespräche über erlebte Vergewaltigung in den Hintergrund und erlagen letztendlich der gesellschaftlichen Tabuisierung (Schmidt-Harzbach 1984). Kirsten Poutrus (1995) spricht in diesem Zusammenhang von einem »fixierten Trauma«. Hier wird der Aspekt der sozialen Anerkennung als Trauma*opfer* als protektiver Faktor für die Ausbildung einer posttraumatischen Psychopathologie bedeutsam (Kuwert/Freyberger 2007b; vgl. Kapitel 1.2.2). Maercker und Müller (2004) generierten hierzu das Konstrukt der »erlebten Wertschätzung«, das die Anerkennung persönlichen Leids, beispielsweise durch die Öffentlichkeit oder Familie, erfasst. Eine Anerkennung des Schicksals der kriegsverge-waltigten Frauen von 1945 setzt jedoch eine öffentliche Thematisierung voraus. Die Notwendigkeit einer solchen anerkennenden Aufarbeitung ist zudem indiziert, da nicht nur die direkten Zeitzeuginnen, von denen bereits viele verstorben sind, sondern in vielen Fällen deren Kinder und Enkelkinder von psychopathologischen Folgestörungen betroffen sind (vgl. Fischer/Riedesser 2003; Brähler/Decker/Radebold 2004; Misch-kowski 2006; Radebold/Bohleber/Zinnecker 2009).

1.3 TRAUMATISIERUNG

1.3.1 TRAUMA UND TRAUMAFOLGESTÖRUNGEN

Eine »Traumatisierung« im psychiatrischen Sinne, so wurde im 19. Jahr-hundert noch angenommen, entstehe durch mikroskopisch kleine Verletzungen von Nervenzellen. Bald übertrug man den ursprünglichen griechischen Begriff der *Wunde* aus der Chirurgie in die Psychiatrie (Riedesser/Resch/Adam 2007; Fischer/Riedesser 2003, S. 22ff.) und beschrieb damit seitdem eine Verletzung auf psychischer Ebene. Eine Übersicht zur historischen Entwicklung der Psychotraumatologie gibt Guido Flatten (2003).

Das Internationale Diagnosesystem (ICD-10) der Weltgesundheitsorganisation (WHO 2005, S. 169) beschreibt ein Trauma als »Ereignis [...] von außergewöhnlicher Bedrohung mit katastrophalem Ausmaß, [das] nahezu bei jedem tief greifende Verzweiflung auslösen würde«, wohingegen ab dem DSM-IV, der vierten Ausgabe des Diagnosesystems der American Psychiatric Association (APA), die Subjektivität des Traumaerlebens miteinbezogen wird. So wird im amerikanischen Diagnosesystem zusätzlich ein weiteres Kriterium gefordert, indem »[d]ie Reaktion der Person [...] intensive Furcht, Hilflosigkeit oder Entsetzen« umfassen muss (DSM-IV-TR, APA 2000, S. 491). Hier wird also zwischen objektivem (A1) und subjektivem (A2) Traumakriterium unterschieden (siehe auch Creamer/McFarlane/Burgess 2005). Der Vergleich zwischen den Diagnosesystemen findet sich bei Maercker (2009).

Ehlert und Maercker (2001) beschreiben die Psychotraumatologie als Wissenschaftsbereich innerhalb von Medizin und Psychologie, wobei nach langer Erforschung von Kriegserlebnissen und sexuellem Missbrauch seit wenigen Jahrzehnten körperliche »Traumata«, wie zum Beispiel medizinische Eingriffe und schwere körperliche Erkrankungen, auf psychische Auswirkungen hin untersucht wurden (vgl. auch Maercker 2003; Herman 2003). Hiernach begann sich ein Bild zu formen, das ein ganz bestimmtes Reaktionsmuster als Folge von Traumaerlebnissen zeigte (Maercker 2003, S. 4). Alexander C. McFarlane und Giovanni de Girolamo (1996) beschreiben dabei zwei Forschungsrichtungen. Lange sei angenommen worden, man könne, abhängig vom erlebten Trauma, verschiedene Traumasyndrome finden. So gäbe es zum Beispiel ein »Vergewaltigungs-Trauma-Syndrom« (vgl. Herman 1992a; Burgess 1983) oder das »Konzentrationslager-Syndrom«. Diese Syndrome, so glaubte man, zeichneten sich durch unterschiedliche Reaktionsmuster aus. Jedoch seien, so McFarlane und Girolamo (1996), Unterschiede innerhalb der posttraumatischen kognitiven, emotionalen und behavioralen Muster marginal im Vergleich zu den Gemeinsamkeiten, die das Denken, Fühlen und Handeln vieler »Traumaopfer« aufweist. Aktuelle Ergebnisse liefern hierzu Kelley et al. (2009). Die Wissenschaftler stützen in ihrer Untersuchung die Hypothese der Traumasyndrome. Wöller, Siol und Liebermann (2001) kritisieren hingegen die zu »eng gefassten« Konzepte der posttraumatischen Belastungsstörung (PTBS) innerhalb der aktuellen Diagnosesysteme der APA (1996, 2003) und der WHO (2005). Die Diagnosekriterien seien an einzelnen Traumaformen erarbeitet worden und ließen daher andere Traumatisierungen und deren Folgen außer Acht. Auf Traumafolgestörungen, besonders auf die häufig diagnostizierte PTBS, wird in Kapitel 1.4 genauer eingegangen.

Laut Maercker (2003) hat sich hinsichtlich der Klassifikation von

Menschlich verursachte Traumata (»man made disasters«)	Katastrophen, berufsbedingte und Unfalltraumata
– sexuelle und körperliche Misshandlungen in der Kindheit – kriminelle und familiäre Gewalt – **Vergewaltigungen** – Kriegserlebnisse – zivile Gewalterlebnisse (z.B. Geiselnahme) – Folter und politische Inhaftierung – Massenvernichtung (KZ-, Vernichtungslagerhaft)	– Naturkatastrophen – technische Katastrophen (z.B. Giftgaskatastrophen) – berufsbedingte (z.B. Militär, Polizei, Feuerwehr) – Arbeitsunfälle (z.B. Grubenunglück), Verkehrsunfälle
Kurzandauernde traumatische Ereignisse (Typ-I-Trauma)	**Längerdauernde, wiederholte Traumata (Typ-II-Trauma)**
– Naturkatastrophen – Unfälle – technische Katastrophen – kriminelle Gewalttaten (z.B. Überfälle, Schusswechsel)	– Geiselhaft – mehrfache Folter – Kriegsgefangenschaft – KZ-Haft – **wiederholte sexuelle oder körperliche Gewalt in Form von Kindesmissbrauch, Kindesmisshandlung sowie wiederholten Vergewaltigungen**

Tabelle 1: Traumaformen nach Maercker (2003)

Traumata eine Einteilung bewährt, die zwischen menschlich verursacht und zufällig sowie zwischen kurz- (Typ-I-Trauma) und langfristig (Typ-II-Trauma) unterscheidet. In *Tabelle 1* sind Traumaformen der zwei Kategorien nach Maercker (2003) dargestellt. Für den Traumatyp II ist die »komplexe PTBS« von besonderer Bedeutung (vgl. Kapitel 1.4).

Resnick et al. (1993) beschreiben, wie stark das Konstrukt eines Traumas seine messbare Prävalenz beeinflusst. So sei zum Beispiel das Konstrukt der Tat »Vergewaltigung« in der Bevölkerung ganz unterschiedlich repräsentiert, sodass eine Erhebung jeweiliger Prävalenzzahlen nur in Anbetracht der entsprechenden Konstrukte bewertet werden kann (siehe auch Koss 1983). Manche Frau würde den erzwungenen ehelichen Verkehr nie als Vergewaltigung angeben, wobei es sich strafrechtlich betrachtet um eine Vergewaltigung handelt (vgl. Kapitel 1.1). Somit entstehen, je nach wissenschaftlicher Methodik und Operationalisierung, abweichende Prävalenzangaben für verschiedene Traumata (Resnick et al. 1993).

Laut Fairbank, Ebert und Costello (2000) erleben die meisten Menschen in ihrem Leben mindestens ein traumatisches Ereignis, wie zum Beispiel eine Naturkatastrophe oder den Tod eines geliebten Menschen, wobei angenommen wird, dass Männer häufiger traumatischen Ereignissen ausgesetzt sind als Frauen. In einer Studie zur Lebenszeitprävalenz von Traumata berichteten rund 61% der Männer und rund 51% der Frauen, mindestens einmal im Leben einem traumatischen Erlebnis ausgesetzt gewesen zu sein, wobei 20% der Männer und 11% der Frauen dieser Stichprobe multiple Traumatisierung (drei oder mehr Traumata) erlebten. Bei Resnick et al. (1993) findet sich eine Lebenszeitprävalenz von 69% bei beiden Geschlechtern. Die gleiche Zahl ergab sich in einer Studie von Norris (1992), der eine Stichprobe von 1.000 US-Amerikanern zugrunde lag. Dabei zeigte sich eine Jahresprävalenz von 21%. Risikofaktoren, die das Erleben eines Traumas wahrscheinlicher machen, sind Alter, soziales Umfeld, Bildungsgrad, Herkunft, familiäre Vorbelastung, Alkohol- oder Drogenmissbrauch und Depression. Die meisten Menschen leiden nach erlebter Traumatisierung nicht unter einer psychischen Störung, nur manche »fixieren sich im Trauma«. Dies, wie bereits früher im Text beschrieben, hängt auch von den herangezogenen Diagnosekriterien ab (van der Kolk/McFarlane 1996, S. 3). Weiter resultieren die teilweise starken Abweichungen in den Prävalenzangaben für Traumata und Traumafolgestörungen aus kulturhistorischen Unterschieden, also aus dem Erfahrungsschatz der untersuchten Population. Maercker et al. (2008) fanden eine Trauma-Lebenszeitprävalenz von rund 21% für Frauen und 28% für Männer innerhalb einer Untersuchungsstichprobe in Deutschland. Neben der erwähnten PTBS werden aktuell noch andere Traumafolgestörungen diagnostiziert. Zusammengefasst lassen sich Belastungsreaktionen und Anpassungsstörungen beschreiben. Diese Reaktionen, so Deister (2005), manifestieren sich klinisch sehr unterschiedlich. Amerikanische Studien beschreiben die PTBS als eine der häufigsten psychischen Störungen. *Tabelle 2* gibt eine Übersicht über die Klassifikation von Anpassungsstörungen und Reaktionen auf schwere Belastungen nach ICD-10 (WHO 2005) und DSM-IV (APA 1996; vgl. hierzu auch Wöller/Siol/Liebermann 2001).

ICD-10	DSM-IV
Akute Belastungsreaktionen (F43.0)	Akute Belastungsstörung (308.3)
Posttraumatische Belastungsstörung (F43.1)	Posttraumatische Belastungsstörung (309.81)
Anpassungsstörungen	Anpassungsstörungen
– kurze depressive Reaktion (F43.20)	– mit depressiver Stimmung (309.0)
– längere depressive Reaktion (F43.21)	– mit Angst (309.24)
– mit vorwiegender Störung des Sozialverhaltens (F43.24)	– mit Störungen des Sozialverhaltens (309.3)
– Angst und depressive Reaktionen, gemischt (F43.22)	– mit Angst und depressiver Stimmung, gemischt (309.28)
– mit vorwiegender Beeinträchtigung anderer Gefühle (F43.24)	– mit emotionalen Störungen und Störungen des Sozialverhaltens, gemischt (309.4)
Andauernde Persönlichkeitsänderung nach Extrembelastung (F62.0)	

Tabelle 2: Einteilung der Anpassungs- und Belastungsstörungen anhand von ICD-10 und DSM-IV (nach Deister 2005)

Traumafolgestörungen zeigen, wie andere psychische Störungen auch, eine Entwicklung und Veränderung über die Lebensspanne (vgl. Fischer/Riedesser 2003). Auffällig ist eine häufige Zunahme der Belastungssymptomatik im Alter. Das bedeutet, dass die einst traumatisierte

Person damit beginnt, das erlebte Trauma erneut zu durchleben bzw.
»aufzuarbeiten«. Auslöser hierfür kann zum Beispiel die Erfahrung
zunehmender Isolation und Ablehnung in der und durch die Gesellschaft sein (Sadavoy 1997). Orth und Maercker (2004) definieren diesen
Anstieg der PTBS-Symptome als Retraumatisierung. Aufgrund dieser
Verzögerung der Traumasymptomatik ist es schwer, diese mit dem einst
Erlebten in Verbindung zu bringen und als Traumafolgestörung zu erkennen. In den 90er Jahren sei diese Retraumatisierung erstmals deutlich
bei vielen ehemaligen Holocaustopfern zu erkennen gewesen, nachdem
diese pensioniert wurden (Solomon 1996 in Butollo/Krüsmann/Hagl
1998). Das Phänomen der Wiederbelebung erlebter Traumata im Alter
soll im folgenden Abschnitt näher betrachtet werden.

1.3.2 CHRONISCHE PTBS UND RETRAUMATISIERUNG IM ALTER

»Es ist viel schwerer geworden, seit ich älter bin«, so die Aussage einer
Auschwitz-Überlebenden in einer australischen Morgenzeitung (zit. n.
Sadavoy 1997). Aarts und Op den Velde (1996) beschreiben ein ver-
zögertes Auftreten von posttraumatischer Belastungssymptomatik im
Alter. Von einer chronischen PTBS ist die Rede, wenn die Symptome
der einstigen Traumafolgestörung nach mehr als 50 Jahren weiterhin
bestehen (Op den Velde et al. 1990). Unsere Großmütter und Groß-
väter sind als Überlebende der deutschen Kriegsgeschichte Mitglieder
einer besonderen Generation. Sie durchlebten einen, manche sogar
zwei Weltkriege, weshalb sie besondere Erfahrungen mit sich herum-
tragen (vgl. Sadavoy 1997). Kriegserlebnisse bergen ein erhöhtes Risiko
für Traumatisierung (Brähler et al. 2004; Maercker 2003; Kuwert et
al. 2007). Maercker et al. (2008) erhielten in einer epidemiologischen
Untersuchung zur Trauma- und PTBS-Prävalenz in Deutschland ein
Ergebnis von 3,4 % bei den 60- bis 93-Jährigen und damit die größte
PTBS-Einmonatsprävalenz innerhalb der untersuchten Kohorten. Im
Vergleich hierzu ergab sich für das mittlere Erwachsenenalter eine Zahl
von 1,9 %. Das relative Risiko eines PTBS-Vollbildes sei, so Maercker
(2008), für die Älteren 2,6 Mal größer als für die jungen Erwachsenen.
Laut Joel Sadavoy (1997) besteht das »Überlebenden-Syndrom« bis ins

hohe Alter. Es zeichnet sich laut Aarts und Op den Velde (1996) vor allem durch Angst, Affektverflachung, Depression, dysphorische Verstimmungen, Gedächtnisbeeinträchtigungen, somatoforme Beschwerden und Schlafstörungen aus. Die Suizidrate von PTBS-Patienten liegt, unabhängig von der Art der Traumatisierung, deutlich über derjenigen der Allgemeinbevölkerung (Panagioti/Gooding/Tarrier 2009). Generell seien die Erscheinungsformen jedoch sehr verschieden und daher schwer zu »erkennen«. Retrospektive Forschungen hierzu gibt es nicht nur zu Holocaust-Opfern sondern vor allem zu Veteranen des Zweiten Weltkrieges (Arts/Op den Velde 1996) sowie zu Veteranen des Korea- oder Vietnamkriegs (Sadavoy 1997).

Die Wissenschaft steht seit wenigen Jahrzehnten vor der Aufgabe, herauszufinden, welche Mechanismen einen Aufschub bzw. ein Anhalten einer sich spät manifestierenden Belastungssymptomatik bewirken. So zeichnet sich beispielsweise die »Latenzzeit« zwischen klinischer Traumatisierung und dem späteren Eintreten einer PTBS, psychologisch durch verschiedene Abwehrmechanismen aus. Vor allem Verdrängung spielt eine Rolle (Aarts/Op den Velde 1996). Beispielhaft für einen solchen Mechanismus ist das von Brähler et al. (2004) beschriebene »Funktionieren« der deutschen Frauen gegen Kriegsende.

Die häufigsten Erklärungen für das Phänomen des aufgeschobenen Einsetzens der Belastungssymptomatik ist zum einen eine Zunahme negativer Lebenserfahrungen, wie zum Beispiel Scheidung vom Ehepartner oder Pensionierung, und sind zum anderen aktuelle Ereignisse, die an Vergangenes erinnern, wie die mediale Berichterstattung über aktuelle Kriege (vgl. hierzu auch Hiskey et al. 2008; Maercker/Mehr 2006). Hinzu kommt eine Abnahme an wirksamen Bewältigungsstrategien im Alter. Der Mensch erfahre mit der allgemeinen Schwächung im höheren Lebensalter auch eine Schwächung der »mentalen und physischen Belastbarkeit«, so Aarts und Op den Velde (1996). Mittels der Theorie der Identitätsbildung von Erik H. Erikson (1993) lässt sich der Prozess des Erinnerns im letzten Lebensabschnitt gut erklären. Diese Phase der »Generativität« beinhalte, so Erikson, neben Verlusten, die erfahren werden, dem Vergangenen eine Bedeutung zu geben. Dieses und der aktuelle Lebenszustand werden im »Optimalfall« akzeptiert und ein Kohärenzgefühl, eine Kontinuität im Selbst und eine Ego-Integration hergestellt.

Zusammenfassend ist zu erwähnen, dass der Begriff der Retraumatisierung aktuell noch eher uneinheitlich verwendet wird. Im Allgemeinen fällt hierunter das Wiederaufleben einer einstigen Symptomatik durch traumaassoziierte Auslöser oder durch unabhängige neue Traumatisierung, wobei der diagnostische Rahmen als chronische PTBS beschrieben werden kann. Eine Übersicht zur chronischen PTBS im Alter gibt Maercker (2003) in *Therapie der Posttraumatischen Belastungsstörungen*.

Im folgenden Kapitel wird die Posttraumatische Belastungsstörung näher betrachtet. Nach Definition und einigen Prävalenzangaben als Überblick werden Forschungsergebnisse zur Symptomatik einer PTBS im Rahmen von Kriegserleben sowie sexualisierter Gewalt dargelegt, wobei der Fokus auf den Geschehnissen am Ende des Zweiten Weltkriegs liegt. Der zweite Abschnitt des Kapitels ist einer Auseinandersetzung mit beeinflussenden Faktoren von posttraumatischer Belastung[2] nach Kriegserleben gewidmet.

1.4 Posttraumatische Belastungsstörung (PTBS)

1.4.1 Einfache und komplexe PTBS

Im Jahre 1980 wurde die PTBS als Folge-Symptomkomplex einer Traumatisierung in das damalige DSM-III aufgenommen (APA 1980). Etwa zehn Jahre später übernahm die Weltgesundheitsorganisation diese Diagnose in das Internationale Krankheitsklassifikationssystem (Maercker 2003, S. 4). Sowohl im ICD-10 (WHO 2005) als auch im DSM-IV-TR (APA 2000) sind aktuell folgende fünf Diagnoseebenen zu finden:

A)   Traumakriterium: Konfrontation mit traumatischem Ereignis
B)   Sich aufdrängendes Wiedererleben des Ereignis
C)   Vermeidung (z. B. von Gedanken an das Ereignis)
D)   Anhaltende Symptome erhöhter Erregung (Hyperarousal)
E)   Zeitlicher Rahmen (DSM-IV-TR: Störungsbild seit länger als einen

---

2 Der Begriff der »posttraumatischen Belastung« bezeichnet keine diagnostische Störung, sondern subsumiert alle Formen von posttraumatischem Stress.

Monat andauernd: ICD-10: Symptome treten innerhalb von sechs Monaten nach dem Ereignis auf)

Ein gravierender Unterschied zwischen beiden Diagnosesystemen betrifft Kriterium F des DSM-IV-TR (APA 2000), welches eine subjektive Beeinträchtigung des Betroffenen mit einbezieht. Dieses erhebt in klinisch bedeutsamer Weise Leiden oder Beeinträchtigungen in sozialen, beruflichen oder anderen wichtigen Funktionsbereichen (Resick 2003). Eine weitere Abweichung betrifft, wie in Kapitel 1.3 zur Traumatisierung beschrieben, das subjektive Erleben des Traumas. Weiter etablierte sich eine Unterscheidung zwischen *voller* und *partieller* Ausprägung (vgl. Schützwohl/Maercker 1999) der *einfachen* PTBS (vgl. hierzu Breslau 2004). Maercker und Kollegen (2008) definieren die PTBS als schwere und oft chronische Störung bei einem Teil der Menschen diagnostiziert werden kann, die extrem belastenden bzw. traumatisierenden Ereignissen ausgesetzt waren, und fassen Lebenszeitprävalenzen von 18- bis 64-Jährigen aus verschiedenen amerikanischen Studien zu einer ungefähren Angabe von 5–10% zusammen. In einer epidemiologischen Studie aus dem Jahre 2005 erhielten die Wissenschaftler eine vergleichsweise geringe Lebenszeitprävalenz von 2,3%. Unterschiede der PTBS-Prävalenzen in verschiedenen Studien resultieren laut Maercker et al. (2008) auch aus der Methode, das heißt daraus, ob Punkt (Ein- oder 12-Monatsprävalenz) oder Lebenszeitprävalenzen angegeben werden, und rühren daher, welche Kriterien zur Diagnostik herangezogen werden (vgl. hierzu Kapitel 1.1.2.1). Bei Breslau (2009) findet sich eine Übersicht über PTBS-Lebenszeit- und Monatsprävalenzen aus mehreren internationalen Untersuchungen, die diese Unterschiede skizziert.

Weiter lässt sich aus mehreren Studien ein Effekt bezüglich des Geschlechts erkennen. Wie weiter oben im Text bereits erläutert, erlebten Männer mit größerer Wahrscheinlichkeit ein traumatisches Ereignis, wohingegen Frauen aber häufiger an einer PTBS erkrankten (vgl. hierzu auch Breslau 2009). Die Ursachen hierfür seien noch unklar. *Tabelle 3* zeigt die Lebenszeitprävalenz von Traumatisierung und PTBS aus verschiedenen Studien im Geschlechtervergleich.

Traumaprävalenz (in %)			PTBS-Prävalenz (in %)	
	Männer	Frauen	Männer	Frauen
Breslau, Davis, Andreki & Peterson (1991)	43	36,7	6	11,3
Norris (1992)	73,6	64,8	–	–
Resnick, Kilpatrick, Dansky, Saunders & Best (1993)	–	69	–	12,3
Kessler, Sonnega, Bromet, Hughes & Nelson (1995)	60,7	51,2	5	10,4
Breslau, Davis, Peterson et al. (1997)	–	40	–	13,8
Stein, Walker, Hazen & Forde (1997)	81,3	74,2	–	–
Breslau et al. (1998)	92,2	87,1	6,2	13
Breslau, Wilcox, Storr et al. (2004)	87,2	78,4	6,3	7,9
Kessler, Chiu, Demler, Merikangas & Walters (2005)	–	–	3,6	9,7
Traumaprävalenz gesamt 82,8%, PTBS-Prävalenz gesamt: 6,8%				

Tabelle 3: Übersicht über die Geschlechterverteilung von Trauma- und PTBS-Prävalenz über die Lebensspanne (in %) nach Breslau (2009)

Neben der hier betrachteten einfachen PTBS existiert das Diagnosebild der »Störung durch Extrembelastung«, der »DESNOS« (»disorders of extreme stress not otherwise specified«; van der Kolk/Courtois 2005). In Anlehnung an die Traumaarten nach Maercker kommt diese häufig zum Tragen, wenn eine traumatische Belastung besonders »extrem« ist oder lang anhält (vgl. Kapitel 1.3.1). Synonym werden die Begriffe der »Posttraumatischen Persönlichkeitsänderung« (WHO 2005) und der »komplexen PTBS« (nach Herman 1992a, b) verwandt (vgl. auch Wöller/Siol/Liebermann 2001; Ford 1999)[3]. Das DSM-IV(-TR) (APA

---

3 Nachfolgend wird, außer bei begriffsspezifischen Definitionen, für die besprochene komplexe Form der PTBS vereinfachend der Begriff der DESNOS verwendet.

1996, 2000) sieht hierfür keine Diagnose vor. Erstmals besprochen wurde das Konzept der komplexen PTBS von Judith Lewis Herman (1992a, b), die das Konstrukt der einfachen PTBS zur allumfassenden Traumadiagnostik für unzureichend erklärte. Eine komplexe PTBS entwickle sich bei lang andauernder oder sich wiederholender Traumatisierung. Laut Maercker (2003) zeichnen sich Patienten mit einer komplexen PTBS besonders durch »starke Affekte« aus, die sich gegen andere oder gegen sich selbst richten können. Rache-, Wut-, Ärger- und Schuldgefühle sowie »Vereinsamungstendenzen im zwischenmenschlichen Bereich« seien typische Folgen einer chronischen Traumatisierung. Teilweise kommt es zu einer intensiven anhaltenden Beschäftigung mit dem Trauma oder sogar mit einem verursachenden Täter, was in einzelnen Fällen die Anziehung an diese Person zur Folge habe (Maercker 2003, S. 12). Die im ICD-10 (WHO 2005) klassifizierte DESNOS (vgl. Kapitel 1.3.1) ist, obgleich im zeitlichen Rahmen persistierender als die einfache PTBS, von der chronischen PTBS im Alter abzugrenzen. Diese zeichnet sich ausschließlich durch die zeitlich überdauernde Komponente der Symptome aus, wobei der DESNOS laut Diagnosekriterium des ICD-10 (WHO 2005) andauernde, extreme Belastung, wie zum Beispiel Folter vorausgeht. Sexueller Missbrauch in der Kindheit zählt somit als Traumatisierung dieser extremen, da vor allem meist länger währenden Form. Konkret besprochen wird die Thematik der PTBS nach sexualisierter Gewalt in Kapitel 2.4.3. Laut ICD-10 (WHO 2005) kann eine PTBS vorausgegangen sein, nach Resick (2003) ist eine DESNOS jedoch immer an eine PTBS gekoppelt, wobei die PTBS auch ohne komplexe Symptomatik auftreten kann. Nach Maercker (2003) folge einer Traumatisierung des Typ I in der Regel eine einfache PTBS, einer Traumatisierung des Typ II eine DESNOS (zu den Traumatypen siehe Kapitel 1.3.1). Die DESNOS äußert sich nach Steil und Ehlers (2003)

> »in für eine Mindestdauer von zwei Jahren anhaltendem und unangepasstem Verhalten, das zu Beeinträchtigungen in den zwischenmenschlichen, sozialen und beruflichen Beziehungen führt (wie zum Beispiel eine feindliche oder misstrauische Haltung der Welt gegenüber, sozialer Rückzug, Gefühle der Leere oder Hoffnungslosigkeit […]).«

Das Ausmaß der postulierten Persönlichkeitsveränderung beschreiben Wöller, Siol und Lieberman (2001) durch einen Selbstwertverlust, der durch anhaltende Ohnmacht und Hilflosigkeit während der Traumasituation weiter verstärkt werde. Die andauernde Demütigung als Person erzeuge ein Gefühl der Wertlosigkeit, die Machtlosigkeit nehme den Glauben an eine gerechte Welt. In vielen Fällen versöhne sich die betroffene Person mit dem Täter symbolisch, um die selbst empfundene Wertlosigkeit zu tilgen. Als Folge lang anhaltender personaler Traumata seien eine gestörte Bindungs- und Beziehungsfähigkeit zu nennen, was sich in sozialem Rückzug äußere. Weiter sprechen die Wissenschaftler vom Phänomen der Reviktimisierung. Dies bedeutet, dass das Opfer einer Traumatisierung später oft erneut in eine Opferrolle gerät, beispielsweise im Rahmen häuslicher (sexueller) Gewalt. Vor allem aber wachse die Wahrscheinlichkeit einer erneuten Vergewaltigung zu einem späteren Zeitpunkt. Grund hierfür sei die Entstehung »traumatischer Bindungen« die beim neuen (potenziellen) Täter erneut greifen.

Ford et al. (2006) fanden in einer Stichprobe von 365 College-Studentinnen, von denen die meisten mindestens ein traumatisches Ereignis erlebt hatten, eine geringe DESNOS-Prävalenz von 1%. Wesentlich häufiger jedoch seien einzelne Symptome angegeben worden, wie zum Beispiel Dissoziation, veränderte Selbstwahrnehmung oder Somatisierung (vgl. auch Daud/Klinteberg/Rydelius 2007). Das Ausmaß dieser Symptomatik sei, laut Ford et al. (2006), mit einmaliger interpersoneller Traumatisierung assoziiert, wobei die PTBS eher einen Zusammenhang mit nicht interpersoneller Traumatisierung aufweise. Laut Zlotnick et al. (1996) charakterisieren Symptome der DESNOS von sexuellem Missbrauch Betroffene. Immer mehr Studien zeigten, dass die Diagnose der PTBS besonders für diese meist länger währende Traumatisierung nicht ausreicht.

Zusammenfassend ist es also notwendig, insbesondere Variationen der PTBS, wie die komplexe (DESNOS)- und partielle PTBS, sowie Komorbiditäten mit Depression oder dissoziativen Störungen (Gersons 2000), sowohl in der Forschung, als auch bei der Diagnostik mit zu betrachten.

1.4.2 PTBS NACH KRIEGSTRAUMATISIERUNG

Kriegsbeteiligung birgt eine vielfach erhöhte Gefahr der Traumatisierung (Kuwert et al. 2007; Brähler/Decker/Radebold 2004). Fischer, Struwe und Lemke (2006) befassten sich in einer Studie zu längerfristigen psychischen und somatischen Auswirkungen traumatischer Ereignisse besonders mit der Gruppe der Vertriebenen nach dem Zweiten Weltkrieg. Die Wissenschaftler fanden im Mittel vier sehr belastende oder traumatisierende Ereignisse in der Untersuchungsgruppe, den vertriebenen Probanden, wohingegen die Kontrollgruppe der Allgemeinbevölkerung lediglich zwei dieser Ereignisse nannte. Weiter zeigte sich bei den Vertriebenen mit einer 9,8-prozentigen Prävalenz eine deutlich erhöhte PTBS-Symptomatik. Kuwert et al. (2007) fanden im Durchschnitt 2,8 traumatische Erlebnisse in einer Stichprobe von ehemaligen Kriegskindern des Zweiten Weltkriegs; sie geben für diese Population an, besonders stark durch Vertreibung bzw. Heimatverlust traumatisiert worden zu sein. So würden etwa 30% der Varianz der posttraumatischen Belastungssymptomatik durch Vertreibung aufgeklärt. Als weitere positiv korrelierende Faktoren werden in diesem Zusammenhang Besetzung und direkter Frontkontakt genannt.

Viele Studien zeigen einen Zusammenhang zwischen Traumaintensität während einer Kriegsbeteiligung und posttraumatischer Belastung auf, wobei in den meisten Fällen nur eine erhöhte PTBS-Symptomatik, nicht jedoch das Vollbild einer PTBS gefunden wird (Maercker/Herrle 2003; Klari et al. 2007; Fischer/Struwe/Lemke 2006; Kuwert et al. 2008). In diesem Kontext erscheint eine kritische Auseinandersetzung mit dem viel beschriebenen »engen« Konzept der PTBS und dessen Diagnosekriterien abermals aktuell (vgl. hierzu Kapitel 1.4.1).

1.4.3 PTBS NACH SEXUALISIERTER GEWALT

Viele Forschungsarbeiten zur Thematik der sexualisierten Gewalt behandeln sexuellen Missbrauch in der Kindheit und Jugend (z. B. Lang et al. 2008; Filipas/Ullman 2006; Danielson/Holmes 2004). Andere wiederum erheben Folgestörungen einer Traumatisierung im Erwachsenenalter zeitnah nach dem Trauma (z. B. Kelley et al. 2009; Acierno et al. 2007). Zu langfristigen psychischen Folgestörungen nach einer sexuellen Traumatisierung im Erwachsenenalter gibt es jedoch kaum Angaben.

Typischerweise folgen einer Vergewaltigung physische, kognitive und verhaltensspezifische Symptome, die denen einer PTBS gleichen (Foa/ Rothbaum/Steketee 1993). Die Opfer dieser Traumatisierung bilden die wohl größte Gruppe derer, die unter einer PTBS leiden. Spezielle Symptome nach einer Vergewaltigung seien Angst, Vermeidung, Schlafstörungen, Albträume, Schreckhaftigkeit, sich aufdrängende Erinnerungen in Form von Intrusionen, Konzentrations- und Gedächtnisschwierigkeiten sowie Schuldgefühle. In mehreren Studien mit regressionsanalytischem Design wird der größte Varianzanteil der PTBS durch Vergewaltigungstraumata aufgeklärt. Eine erlebte Vergewaltigung habe hier also den größten Vorhersagewert im Vergleich zu anderen Prädiktoren, wie zum Beispiel ein schwerer Unfall oder das Beobachten einer Situation, bei der jemand anderes schwer verletzt oder getötet wird (vgl. Bruce et al. 2001; Maercker et al. 2008). Die kanadische Wissenschaftlerin Kaitlin A. Chivers-Wilson (2006) spricht von einer Lebenszeitprävalenz der PTBS nach Vergewaltigung von 50%. Vergewaltigung, so auch Jean-Michel Darves-Bornoz (1997), führt zu einer hohen Rate an PTBS. Die Psychopathologie nach Vergewaltigung sei schwer und die Wahrscheinlichkeit der Entwicklung einer chronischen PTBS besonders bei Vergewaltigungsopfern hoch. Chronifizierung bedeutet in dieser Längsschnittstudie ein Andauern der Störung sechs Monate nach dem ersten Erhebungsmoment. Auch Joycox, Zoellner und Foa (2002) beschreiben eine persistierende Angst bei denjenigen, die eine Vergewaltigung erleben mussten. Die Wissenschaftler stellen in ihrem Aufsatz über Kognitive Therapie für Vergewaltigungsopfer explizit heraus, dass Frauen ein zehnfach erhöhtes Risiko für Vergewaltigung und ein doppelt erhöhtes für eine PTBS aufwiesen und somit besonders vulnerabel für die Entwicklung einer assoziierten Folgestörung seien. Nach Rothbaum et al. (1992) entwickeln 94% aller Vergewaltigungsopfer direkt nach dem »Überfall« PTBS-Symptome, wobei diese bei 47% noch drei Monate später zu erkennen seien. Den Unterschied zwischen erfolgreicher und nicht erfolgreicher Bewältigung und die in diesem Fall daraus resultierende Chronifizierung einer PTBS untersucht Edna B. Foa in mehreren Studien genauer (vgl. zum Beispiel Nacash et al. 2007; Zoellner/Sacks/Foa 2003).

1.4.3.1 Spezifität der komplexen PTBS

Zlotnick und Kollegen (1996) fanden in einer Untersuchung zu langfristigen Auswirkungen von sexuellem Missbrauch in der Kindheit bei betroffenen Frauen wesentlich häufiger Symptome einer komplexen PTBS als in der Kontrollgruppe ohne diese Traumaerfahrung. Hierzu zählen Somatisierung, Dissoziation, Angst, eine generell feindselige Haltung, Alexithymie, soziale Beeinträchtigung, unangepasste Schemata, selbstverletzendes Verhalten und Reviktimisierung (vgl. Kapitel 1.4.1). Mehrere dieser Symptome, wie zum Beispiel Dissoziation, Somatisierung und Reviktimisierung, erwiesen sich als starke Prädiktoren für eine Vergangenheit mit erlebtem sexuellen Missbrauch. Die drei genannten könnten, so Zlotnick et al. (1996), als die kritischsten Marker für kindlichen sexuellen Missbrauch gelten.

Kindesmissbrauch (Typ-II-Trauma) zieht mit höherer Wahrscheinlichkeit eine DESNOS nach sich als eine einfache PTBS (vgl. Kapitel 1.4.1; Maercker 2003) und Vergewaltigung (Typ-I-Trauma) verursacht eher die einfache Form der PTBS als die DESNOS. Daher ist im Rahmen der beschriebenen zeitlichen Klassifizierung von Traumata davon auszugehen, dass sich wiederholende Vergewaltigungen im Bereich der Traumatisierung des Typ II ansiedeln lassen und so mit größerer Wahrscheinlichkeit vulnerabler für eine DESNOS machen (vgl. Maercker 2003).

1.4.4 PTBS nach sexualisierter Kriegsgewalt

Die Folgestörungen von Kriegserleben werden in vielen wissenschaftlichen Veröffentlichungen beschrieben (vgl. Kapitel 1.4.2), vor allem auch im Kontext des Zweiten Weltkriegs (vgl. Brähler/Decker/Radebold 2004; Teegen/Meister 2000; Maercker/Herrle 2003; Fischer/Struwe/ Lemke 2006). An Kriegserleben gekoppelte Vergewaltigung als spezielle Form einer Kriegstraumatisierung erörtern zum Beispiel Shanks und Shull (2000; Shanks et al. 2001). Die Wissenschaftler sprechen von lang anhaltenden Konsequenzen für die Opfer sexueller Kriegsgewalt über die körperliche Attacke hinaus. Gezielte Quantitative Forschung zu posttraumatischen Folgestörungen wie der PTBS findet sich jedoch kaum.

Eine der wenigen Untersuchungen, die die PTBS bei kriegsvergewaltigten Frauen misst, wurde von Lončar et al. (2006) durchgeführt. Anhand einer Stichprobe kroatischer Frauen untersuchten Mladen Lončar und seine Kollegen die psychologischen Konsequenzen von Vergewaltigung im Krieg von 1991–1995. Die am Häufigsten angegebene Symptome der 65 vergewaltigten Frauen direkt nach der Traumatisierung waren Depression, die Vermeidung von Gedanken oder Gesprächen zum bzw. über das Ereignis und Suizidgedanken. Zum Studienzeitpunkt litten 80% der Frauen unter Depression, 78% unter sozialer Phobie, 32% unter einer Posttraumatischen Belastungsstörung und 26% gaben sexuelle Funktionsstörungen an. Viele dieser Symptome seien komorbid gewesen. Zusammenfassend sprechen die kroatischen Wissenschaftler von schweren »unmittelbaren und lang anhaltenden Konsequenzen auf die mentale Gesundheit der weiblichen Vergewaltigungsopfer und auf deren [soziales und interpersonelles Funktionsniveau]«.

Zur sexualisierten Gewalt im Rahmen des Zweiten Weltkriegs gibt es einige wenige Veröffentlichungen (vgl. Messerschmidt 2006; Grossman 1995; Schmidt-Harzbach 1984; Poutrus 1995; Kuwert/Freyberger 2007b), jedoch keine Untersuchung, bei der gezielt die posttraumatische Belastung der betroffenen Frauen erhoben wurde. Die vorliegende Arbeit soll diese Lücke anteilig schließen.

1.4.4.1 EINE MULTIPLE TRAUMATISIERUNG

Sexualisierte Kriegsgewalt, wie in Kapitel 1.2.2 bereits angedeutet, verursacht, wie Kriegserleben generell, im Regelfall eine multiple Traumatisierung. Suliman und Kollegen (2009) untersuchten den kumulativen Einfluss von mehrfacher Traumatisierung auf die Symptomatik einer PTBS an einer Stichprobe von 922 Jugendlichen. Die Ergebnisse zeigten einen Anstieg der posttraumatischen Belastungssymptomatik mit steigender Traumazahl. Gleichgerichteter Einfluss wurde für Depressionssymptomatik gefunden. Follette et al. (1996)

erhoben ebenfalls den Einfluss mehrfacher Traumatisierung auf posttraumatische Symptomatik. Ebenso wie Suliman und Kollegen fanden die Wissenschaftler einen Zusammenhang zwischen der Häufigkeit bzw. der Anzahl der Traumatisierung (vgl. auch Breslau et al. 1999) und der posttraumatischen Symptomatik. Diese bezog sich auf sexuellen Missbrauch in der Kindheit sowie auf eine spätere Vergewaltigung durch eine fremde Person oder durch den Partner (zur Reviktimisierung vgl. Kapitel 1.3.2).

Green et al. (2000) berichten von einer »Ignoranz« bezüglich der wissenschaftlichen Beschäftigung mit multiplen Traumata. Die meisten Studien würden frühere Traumatisierung nicht einbeziehen, wenn Folgestörungen von »aktuellen« Ereignissen erfasst werden. Anhand der Ergebnisse sehe man, wie wichtig es ist, das gesamte Erlebnisspektrum einer traumatisierten Person zu betrachten. In einer Untersuchung mit 2.507 studentischen Versuchspersonen zeigten diejenigen, die über multiple interpersonelle Traumatisierung berichteten, eine höhere posttraumatische Stresssymptomatik als alle anderen Vergleichsgruppen. Weniger Belastungssymptomatik zeigten zum Beispiel Personen mit fehlender Traumaerfahrung, mit einem einzigen nicht interpersonellen bzw. interpersonellen Trauma oder mit andauernden Traumatisierungen dieses Typus.

Zusammengefasst birgt die Kriegstraumatisierung als besonders intensive Form der mehrfachen Traumatisierung ein sehr hohes Risiko für eine posttraumatische Belastungssymptomatik. Sexualisierte Kriegsgewalt als eine Form kriegerischer Gewaltausübung bedeutet, besonders für weibliche Zivilistinnen, eine gravierende Vulnerabilisierung für eine entstehende Psychopathologie nach einer Traumatisierung (vgl. hierzu Shanks/Shull 2000). Da das Phänomen der Kriegsvergewaltigung ein breites und aktuelles ist (Shanks et al. 2001), bedarf es, gerade vor dem Hintergrund der unberechenbaren, häufig nicht unmittelbaren Konsequenzen für die Opfer (Lončar et al. 2006), dringend einer gezielteren Forschung und vor allem eines Diskurs.

Der nächste Abschnitt betrachtet in Anlehnung an Kapitel 1.3 die subjektive Belastung in der Traumasituation sowie den für die Ausbildung einer PTBS als protektiv bewerteten Faktor des Kohärenzgefühls.

1.4.5 BEEINFLUSSENDE FAKTOREN POSTTRAUMATISCHER BELASTUNG

1.4.5.1 TRAUMASITUATION UND PERITRAUMATISCHE BELASTUNG

Die »elementare Beobachtungseinheit« der Psychotraumatologie ist die traumatische Situation, so Fischer und Riedesser (2003, S. 67). Um Situationen zu verstehen, müssen Subjektivität und Objektivität in Bezug zueinander gesetzt werden. Eine traumatische Situation zu interpretieren heißt also, die objektiven Situationsfaktoren so zu erfassen, wie sie sich für die erlebende Person subjektiv darstellen. Eine Abstraktion dieser Form des Verstehens sei, so die Wissenschaftler, das Konzept der PTBS. Dieses diene der Vereinfachung und Kategorisierung, habe jedoch nicht den Anspruch, subjektives, ganz spezifisches Erleben zu beschreiben, was in Kapitel 1.4.1 differenziert betrachtet wurde.

Zum Verstehen und vor allem zur Behandlung einer Psychopathologie muss diese bei Verdacht eines auslösenden Traumas in Psychotraumatologie übersetzt werden. Hierzu gehört sowohl die objektive als auch die subjektive Situationsanalyse. Subjektive Erwartungen nach einem erlebten traumatischen Ereignis, wie zum Beispiel die Hoffnung auf ein Schuldeingeständnis des Verursachers oder auf die öffentliche Anerkennung des verursachten Leids, interferieren häufig mit den objektiven Gegebenheiten, zum Beispiel mit Tabuisierung oder Bagatellisierung. Insassen von Konzentrationslagern des Zweiten Weltkriegs seien lange nach deren Befreiung weiter traumatisiert worden, indem die anhaltende Belastung und die assoziierte Symptomatik durch die Erlebnisse über die Internierung hinaus von mancher Seite nicht anerkannt wurden. Hier wird deutlich, dass die Traumasituation an sich mit der Beendigung der »realen« Bedrohung per se nicht abgeschlossen ist (vgl. hierzu Kapitel 1.3.2 zur Retraumatisierung). Dies gilt vor allem bei menschlich verursachten Traumata, zum Beispiel Vergewaltigung. Hier heile Zeit allein nicht alle Wunden (Fischer/Riedesser 2003). Ein in der Psychotraumatologie relativ neues Konzept ist in diesem Zusammenhang das der *Versöhnungsbereitschaft* (vgl. Stammel/Knaevelsrud 2009).

Brunet et al. (2001) untersuchten die wahrgenommene subjektive Belastung in einer Traumasituation, das sogenannte A2-Traumakriterium nach DSM-IV (APA 1996; vgl. Kapitel 1.4.1), und entwarfen ein Diagnoseinstrument, um sie für den Zeitraum während und unmittelbar nach dem Ereignis zu erfassen (Zeitrahmen der peritraumatischen Belastung), das »Peritraumatic Distress Inventory« (PDI). Es erfasst zum Beispiel die empfundene Hilflosigkeit, Körperreaktionen wie Schwitzen oder Herzklopfen, Entsetzen und Gefühle wie Schuld oder Scham. Das Konzept der peritraumatischen Belastung ist abzugrenzen von einem schon viel untersuchten Aspekt des Traumaerlebens, der *peritraumatischen Dissoziation* (vgl. Lensvelt-Mulders et al. 2008; Wing Lun 2008). Hierbei handelt es sich um während des Traumas erlebte dissoziative Bewusstseinszustände, wie zum Beispiel Depersonalisation oder Derealisation, Gefühle der Desorientierung oder eines veränderten Körperbewusstseins. Brunet et al. (2001) postulieren eine beeinflussende Wirkung in Form einer positiven Korrelation zwischen peritraumatischer Belastung und der Wahrscheinlichkeit der Ausbildung einer Posttraumatischen Belastungsstörung. Auch Fischer und Riedesser (2003) beschreiben diesen positiven Zusammenhang.

Zusammengefasst gilt: Das Konstrukt der »peritraumatischen Belastung« umfasst eine Variable innerhalb eines traumatischen Erlebens, die sowohl deskriptiv als auch prädiktiv besondere Aussagekraft besitzt.

1.4.5.2 KOHÄRENZGEFÜHL

1979 brachte Aron Antonovsky das Konzept der Salutogenese an die Öffentlichkeit (Brändlin 2000). Die Idee eines dispositionalen Kohärenzgefühls (Kohärenzsinn/sense of coherense/SOC), das über die Lebensspanne weitgehend stabil bleibt und als protektiver Faktor für Gesundheit wirken soll, veränderte seit dem den ursprünglichen statischen, vom Homöostasegedanken ausgehenden Krankheitsbegriff. Die neue Idee führte weg von einer dichotomen Vorstellung von krank und gesund hin zu einem Kontinuum, auf dem sich der Mensch hinsichtlich seines Gesundheitszustandes bewegt. Das Kohärenzgefühl wird definiert als ein

>»generalisiertes, überdauerndes und dynamisches Gefühl des Vertrauens [...], dass die eigene innere und äußere Umwelt vorhersagbar ist und dass mit großer Wahrscheinlichkeit die Dinge sich so entwickeln werden, wie man es vernünftigerweise erwarten kann« (Schumacher et al. 2000).

Diese Sichtweise auf das Leben sei, so Antonovsky (1997), eine Bewältigungsressource, die widerstandsfähiger gegen Stressoren mache. Die beschriebene Ressource setze sich zusammen aus den drei Dimensionen »Verstehbarkeit«, »Handhabbarkeit« und »Sinnhaftigkeit«. Sie beschreiben eine Lebensorientierung, bei der der Mensch Ereignisse, Dinge und Reize als vorhersagbar, also als kontrollierbar einschätzt *(comprehensibility)*, sowie seine Ressourcen bestimmen kann, um externe und interne Anforderungen zu bewältigen *(manageability)*, und bei der er diese möglichen Anforderungen als Herausforderung betrachtet *(meaningfulness)*.

Schumacher et al. (2000) beschreiben einen positiven Zusammenhang zwischen Kohärenzgefühl auf der einen Seite und Wohlbefinden bzw. psychischer sowie körperlicher Gesundheit auf der anderen Seite, wobei letztere durch Bewältigungsverhalten mediiert werden soll. Problematisch für die Hypothese des eigenständigen Persönlichkeitskonstrukts des Kohärenzgefühls seien die hohen negativen Korrelationen, beispielsweise mit Ängstlichkeit und Depressivität. Weitere Befunde (vgl. Franke 1997) ließen ein höheres Kohärenzgefühl bei Männern sowie bei steigendem Lebensalter erwarten, was der ursprünglichen Theorie der soziodemografischen Unabhängigkeit und Stabilität des Kohärenzgefühls entgegenstünde. Kuwert et al. (2008) fanden in einer Untersuchung zu Lebensqualität und Kohärenzgefühl bei ehemaligen deutschen Kindersoldaten des Zweiten Weltkriegs für das gemessene Kohärenzgefühl »hochsignifikant höhere Werte für die Gesamtskala und für sämtliche Subskalen« als bei der altersentsprechenden Vergleichsstichprobe, wobei die Lebensqualität vergleichsweise unauffällig ausfiel. Die Wissenschaftler erklären dies mit der von Antonovsky postulierten protektiven Wirkung des Kohärenzgefühls. Lebensqualität sei als »Rahmen« der sowohl psychischen als auch physischen Gesundheit vom traumatischen Erleben nicht oder nicht mehr beeinträchtigt. Die untersuchten Personen seien also eine Untergruppe von Kriegsteilnehmenden, die die Erlebnisse aufgrund ihrer psychischen Ressource des Kohärenzgefühls besser verarbeiteten als andere mit gleichem Schicksal, was zusätzlich die Wahrscheinlichkeit einer Studienteilnahme erhöht und damit die Repräsentativität der Stichprobe verringern würde.

In einer Längsschnittuntersuchung zur Auswirkung von SOC auf spätere Lebenszufriedenheit und Wohlbefinden nach multipler Traumatisierung fand Hildegun Snekkevik (2003) keinen prädiktiven Effekt und auch keine zeitliche Stabilität von Kohärenzgefühl, wohl aber eine positive Korrelation zwischen diesem und Lebenszufriedenheit sowie eine negative Korrelation mit Ängstlichkeit, sobald die Variablen simultan gemessen wurden. Die Wissenschaftlerin beruft sich dabei auf eine Untersuchung von Diener und Fujita (1995), die einen positiven Zusammenhang von personellen Ressourcen und subjektivem Wohlbefinden auf einen möglichen bidirektionalen Zusammenhang zurückführten. So diskutiert Snekkevik (2003) den statistischen Zusammenhang von wahrgenommener Lebenszufriedenheit und Kohärenzgefühl in beide Kausalrichtungen. Besonders ist hierbei die Hypothese, dass sich Kohärenzgefühl mit der wahrgenommenen Lebenszufriedenheit, entgegen Antonovskys Annahme, verändere. Eine weitere Untersuchung, die in den Ergebnissen vom ursprünglichen Konzept der Salutogenese abweicht, ist die von Ying und Akutsu (1997). Die Forscher fanden einen sowohl direkten als auch indirekten positiven Einfluss des Kohärenzgefühls auf die Zufriedenheit (happiness) bei südostasiatischen Flüchtlingen. Ersteres entspricht dem einstigen Salutogenesemodell; die zweite Erkenntnis, ein mediierender Effekt von Kohärenzgefühl zwischen soziodemografischen Merkmalen und Lebenszufriedenheit, belegt die bereits besprochene Instabilität des Konstrukts. Dies beschreibt einen potenziellen Effekt von Faktoren wie Traumatisierung, kultureller und fremdsprachlicher Bildung auf das somit veränderbare Kohärenzgefühl und darüber hinaus auf die Lebenszufriedenheit.

Das Konzept des Kohärenzgefühls umfasst also ein Persönlichkeitskonstrukt, das ursprünglich relativ stabil postuliert, mit der Zeit jedoch im Einfluss- und Veränderungsgrad dynamischer eingeschätzt wird (vgl. Snekkevik 2003; Ying/Akutsu 1997; Diener/Fujita 1995). Bezeichnendes Merkmal ist die beschriebene protektive Wirkung hinsichtlich der Ausbildung von psychischer und physischer Krankheit.

1.5 ZUSAMMENFASSUNG UND ALLGEMEINE FRAGESTELLUNG

Der theoretische Teil der vorliegenden Studie wurde eingeleitet mit einer Einführung in den Aspekt der sexualisierten Gewalt im Allgemeinen. Diese Darstellung dient dazu, den theoretischen Kernaspekt der hier verfassten Arbeit begrifflich zu fundieren. Das sexualisierter Kriegsgewalt zugrunde liegende Phänomen genereller sexualisierter Gewalt wurde überblicksartig sowohl von begrifflicher als auch empirischer Seite her beleuchtet.

Im anschließenden Kapitel zur sexualisierten Kriegsgewalt wurden nach einer Definition Erklärungsansätze aus Literatur und Forschung beispielhaft zusammengefasst. Dies erweist sich als relevant, um eine umfassende Betrachtung der Gesamtthematik zu ermöglichen. Weiter wurde auf »Besonderheiten« entsprechender Gewaltformen im Krieg eingegangen, so auf den Punkt der multiplen Traumatisierung von Kriegserleben generell und weiter auf die häufige Beeinträchtigung der Verarbeitung von sexualisierter Gewalt durch aufkommende Schamgefühle oder gesellschaftliche Tabuisierung. Letzteres hat bei der untersuchten Stichprobe im historischen Kontext besondere Bedeutung, vor allem hinsichtlich der Chronifizierung einer Belastungssymptomatik und/oder späterer Retraumatisierung. Die sich anschließende kurze Chronik bereitete den Weg für das folgende Kapitel, zur genaueren Beschäftigung mit der sexualisierten Gewalt, die deutsche Frauen am Ende des Zweiten Weltkriegs erlebt haben. Der erste Abschnitt des Kapitels umfasst einen Abriss der damaligen situativen Begebenheiten. Dies soll dazu dienen, ein möglichst genaues Bild der Situation zu zeichnen und somit der Einzigartigkeit und Komplexität der Bedrohung gerecht zu werden. Der zweite Abschnitt beschreibt die sich anschließende kritische Aufarbeitung der Geschehnisse, sowohl für die Frauen als auch in gesellschaftlicher Hinsicht.

Das Kapitel zur Traumatisierung bildet nach der geschichtlichen Betrachtung den ersten Teil der wissenschaftlich-psychologischen Betrachtung. Auf der Grundlage der besonders hohen Zahl an Traumata während eines Kriegserlebens wurde Traumatisierung per se besprochen und einleitend verschiedene Traumafolgestörungen aufgezeigt. Daran schließt sich ein Abschnitt zur Retraumatisierung an, ein für diese Arbeit besonders bedeutsamer Aspekt, da die untersuchten Frauen mehr als 60 Jahre nach der Traumatisierung befragt wurden.

Die PTBS als eine der am häufigsten diagnostizierten Traumafolgestörungen bildet den Rahmen des letzten Kapitels des Theorieteils. Es wurden ihre verschiedenen Ausprägungen betrachtet, so zum Beispiel die komplexe (DESNOS) oder chronische PTBS. Weiter bietet das Kapitel einen Überblick über den aktuellen Forschungsstand zur Störung im Kontext von Kriegstraumatisierung, sexualisierter Gewalt bzw. Kriegsgewalt. Besondere Aspekte von Kriegsgewalt, die multiple Traumatisierung sowie die sexualisierte Gewalt, wurden hier im Hinblick auf die Wahrscheinlichkeit der Ausbildung einer posttraumatischen Belastungssymptomatik noch einmal genauer betrachtet. Die vorliegende Arbeit kann einer umfassenden Analyse der vielseitigen Ausprägungsformen posttraumatischer Belastung nicht gerecht werden und beschränkt sich daher empirisch auf die einfache PTBS sowie deren partielle Ausprägung.

Die theoretischen Betrachtung schließt mit einer Darstellung von potenziellen PTBS-beeinflussenden Faktoren ab: der peritraumatischen Belastung und des Persönlichkeitskonstrukts des Kohärenzgefühls. Der theoretisch viel postulierte positive Zusammenhang von peritraumatischer Belastung und posttraumatischer Belastungssymptomatik gibt diesem Aspekt des Traumas einen besonders prädiktiven Wert. Kohärenzgefühl als protektive Persönlichkeitsvariable hat für die Frage nach der Bewältigung der Traumata Bedeutung. Auf der Grundlage aktueller Forschungsarbeiten wurden die beschriebenen Konstrukte mit posttraumatischer Belastungssymptomatik in Beziehung gesetzt.

Im Rahmen der vorliegenden Arbeit soll betrachtet werden, was Frauen 1945 während des Kriegsendes erlebten, wie sie damit umgingen und welche psychischen Folgen die Traumatisierung damals hinterließ bzw. wie viel dieser Belastung bis heute, 65 Jahre danach, weiterwirkt. Auch wenn die kleine Zahl der noch lebenden Frauen mit entsprechendem Hintergrund die Forschung beschränkt, bedeutet eine heutige Annäherung an die Begebenheiten in jedem Fall einen Gewinn an wertvollen Zeitzeugenberichten. Aus diesem Grund kann und darf eine empirische Untersuchung keinesfalls rein quantitativ gestaltet sein. Deshalb basieren die Ergebnisse der hier dokumentierten Untersuchung auf Daten aus sowohl quantitativer als auch qualitativer Erhebung. Diese werden im Ergebnisteil integriert. Aus der theoretischen Herleitung ergaben sich folgende *Fragestellungen*, die in der vorliegenden Arbeit statistisch untersucht werden sollen:

Es wird vermutet, dass die damalige posttraumatische Belastungssymptomatik über der durchschnittlichen Ausprägung in der Allgemeinbevölkerung liegt. Das bedeutet, es wird angenommen, dass es in vielen Fällen der sexuell kriegstraumatisierten Frauen zur Ausbildung einer PTBS gekommen ist. Weiter wird im Hinblick auf die mangelnden Bewältigungsmöglichkeiten angenommen, dass es in einigen Fällen zur Chronifizierung der Symptome kam und sich somit noch heute, 65 Jahre nach den Ereignissen, eine (partielle) PTBS-Symptomatik oder eine ausgeprägte (chronische) Posttraumatische Belastungsstörungen finden lässt.

1) Weist die vorliegende Stichprobe eine aktuelle PTBS-Symptomatik auf (Vollbild- und partielle PTBS) und übersteigt die Vollausprägung die der Allgemeinbevölkerung?

Kohärenzgefühl ist, laut der Theorie zur Salutogenese, positiv mit psychischer Gesundheit assoziiert. Es wird also davon ausgegangen, dass die aktuell gemessene posttraumatische Symptomatik bei Frauen mit höherem Kohärenzgefühl geringer ausfällt als bei denen mit niedrigerem.

2a) Gibt es in der vorliegenden Stichprobe einen signifikant negativen Zusammenhang zwischen aktuell gemessener PTBS-Ausprägung und dem gemessenen Kohärenzgefühl?

Auf der Grundlage der Untersuchungsergebnisse von Snekkevik (2003) sowie Ying und Akutsu (1997) wird Kohärenzgefühl als veränderbares Persönlichkeitsmerkmal diskutiert. Die querschnittliche negative Korrelation mit Ängstlichkeit und mit beeinflussenden Variablen wie Bildungsgrad oder Traumatisierungserfahrung lässt die Vermutung zu, dass Traumatisierung als häufiger Auslöser chronischer Angst einen negativ gerichteten Einfluss auf das Kohärenzgefühl in der Stichprobe hat.

Auf der Grundlage der Theorie der multiplen Traumatisierung wird hier davon ausgegangen, dass die Zahl der erlebten Traumata einen negativ gerichteten Einfluss auf die Variable des Kohärenzgefühls hat.

2b) Weist die Untersuchungsstichprobe einen signifikant niedrigeren Grad an Kohärenzgefühl auf als Vergleichsstichproben aus der Allgemeinbevölkerung?

2c) Gibt es einen signifikant negativen Zusammenhang zwischen der Zahl der erlebten Traumata und dem aktuell gemessenen Kohärenzgefühl?

2d) Gibt es einen signifikant negativen Zusammenhang zwischen der Zahl der erlebten Vergewaltigungen und dem aktuell gemessenen Kohärenzgefühl?

Da angenommen wird, dass Krieg und zusätzliche Vergewaltigung eine Extrembelastung darstellen, wird davon ausgegangen, dass sich die peritraumatische Belastung während der Vergewaltigungssituation bei den Frauen von der einer Vergleichsstichprobe mit Belastung durch ein anderes Trauma unterscheidet. Es wird somit angenommen, dass die hier erhobene situative Belastung höher ist als die der Vergleichsstichprobe. Aus diesen Vorüberlegungen resultiert folgende Fragestellung:

3a) Weist die Untersuchungsstichprobe einen signifikant höheren Grad an damaliger peritraumatischer Belastung auf als Vergleichsstichproben mit anderer Belastungserfahrung?

Da die peritraumatische Belastung beeinflussender Faktor für die Ausbildung einer PTBS ist, wird davon ausgegangen, dass die Höhe der gemessenen peritraumatischen Belastung einen signifikanten Einfluss auf die Entstehung einer PTBS hat.

3b) Gibt es in der vorliegenden Stichprobe einen signifikant positiven Zusammenhang zwischen aktuell gemessener PTBS-Ausprägung und damaliger peritraumatischer Belastung?

2 MethodischesVorgehen

Im Rahmen aktueller Forschung zum Thema Kriegstraumatisierung
soll mit der vorliegenden Untersuchung ein Feld betrachtet werden,
das quantitativ-wissenschaftlich bislang nicht untersucht worden
ist. Aufgrund des narrativen Charakters von Traumaerlebnissen,
bietet dieses Feld viel Raum auch für qualitative Forschung. Da
eine Auswertung der geführten qualitativen Interviews jedoch den
Rahmen der vorliegenden Arbeit, die ursprünglich als Diplomarbeit
entstanden ist, sprengen würde, werden hier lediglich exemplari-
sche Auszüge aus den Narrativen vorgestellt, denn Daten zu einem
sensiblen Thema wie dem der Kriegsvergewaltigung zu erheben,
ohne Narrative, das heißt qualitative Berichte des Erlebten, mit einzubeziehen, wäre weitaus weniger aussagekräftig. Grundsätzlich
soll eben diesen Geschichten aktuell Raum geboten werden, sie
zu hören und zu archivieren, für die aktuelle und für Folgegenerationen, die auf die Möglichkeit von Zeitzeugenberichten der
Kriegsgeneration nicht mehr zurückgreifen können. Und letztendlich bietet qualitative Forschung Raum, durch ihren explorativen
Charakter ein »neues« Forschungsfeld abzustecken, um für zukünftige, auch quantitative Fragestellungen potenziell richtungs-
weisend zu sein (Diekmann 2008). Kriegsvergewaltigung als Trauma
wissenschaftlich zu untersuchen, erfordert besonderes Feingefühl.
Dies gilt bereits für die Rekrutierung der Probandinnen.

2.1 STUDIENDESIGN

Die Datenerhebung zu der im Oktober 2008 gestarteten Studie »Posttraumatische Belastung nach Sexualisierter Kriegsgewalt« erfolgte unter Anleitung von Dr. Philipp Kuwert, Leiter und Initiator der Kriegstrauma-Forschungsgruppe, an und in Kooperation mit der Klinik und Poliklinik für Psychiatrie und Psychotherapie der Ernst-Moritz-Arndt-Universität Greifswald im Hanse-Klinikum Stralsund.

Einer Pressekonferenz mit der *Deutschen Pressagentur* (dpa) und dem *Deutschen Depeschendienst* (ddp) sowie diversen Interviews mit regionalen Rundfunk- und Fernsehsendern folgte eine Verbreitung des Studienaufrufs sowohl regional als auch überregional in Printmedien, Rundfunk und Fernsehen, wie zum Beispiel in der *Ostseezeitung* (OZ), der *Märkischen Oderzeitung* (MOZ) oder der *Berliner Zeitung* (BZ), weiter in zahlreichen Lokalzeitungen des gesamten Bundesgebietes und in deutschlandweiten Tages- und Wochenzeitungen, wie der *Tageszeitung* (taz) oder in Online-Ausgaben von unter anderem der *Süddeutschen Zeitung* (SZ) und der *Zeit*. Auch regionale Rundfunk- und Fernsehsender, zum Beispiel der NDR, sendeten den Studienaufruf, häufig in Kombination mit einem Beitrag zum parallel gestarteten Kinofilm *Anonyma – Eine Frau in Berlin*. Der Aufruf war so konzipiert, dass er im Bericht nicht im Vordergrund stand; vielmehr wurden das Thema Kriegsvergewaltigung sowie Kriegstraumatisierung und deren Folgestörungen an sich betrachtet. Dies hatte zum Ziel, potenzielle Studienteilnehmerinnen vor dem Hintergrund einer allgemeinen Berichterstattung zum selbst erlebten aber auch geteilten Schicksal sensibel zur Studienteilnahme zu ermutigen. Die ausschließliche Teilnahme von Frauen war per se nicht vorausgesetzt.

Insgesamt meldeten sich rund 300 Personen telefonisch, per E-Mail oder postalisch, um sich aufgrund ganz unterschiedlicher Motivation zur eigenen Erfahrung oder der von nahen Bekannten oder Verwandten mitzuteilen. Nachdem die Anrufer ihre Telefonnummer auf dem Anrufbeantworter hinterlassen hatten, erfolgte der Rückruf. Im Telefongespräch wurde anschließend exploriert, ob der/die AnruferIn[4] selbst

---

4 Unabhängig von der Benennung der ausschließlich weiblichen Proband*innen* wird im Folgenden aus Gründen des besseren Verständnisses auf die weibliche Form größtenteils verzichtet.

sexualisierte Kriegsgewalt erlebt hat. Bei Zusage zur Studienteilnahme folgte später ein weiterer telefonischer Rückruf, um ein Treffen zum Gespräch und zur Datenerhebung zu verabreden. In der Zwischenzeit erfolgte die zeitlich-logistische Planung der Erhebung. Die Daten wurden zum Teil bei den Frauen zu Hause, teils auf Wunsch der Interviewten in einem neutralen Umfeld, in einem eigens bereitgestellten Raum des BZFO (Behandlungszentrum für Folteropfer) in Berlin, erhoben.

2.2 STICHPROBE

Insgesamt nahmen 27 Frauen an der Erhebung teil. Von den zuvor erhaltenen 33 telefonischen Zusagen verweigerten zwei Frauen (7%) später die Teilnahme, drei (11%) konnten nicht mehr erreicht werden und eine Frau (4%) verstarb in der Zwischenzeit.

2.2.1 SOZIODEMOGRAFIE

Das durchschnittliche Alter der Teilnehmerinnen betrug 80,3 Jahre (SD = 3,1 Jahre). Die jüngsten Studienteilnehmerinnen, geboren 1932, waren 76, die älteste, geboren 1919, war 89 Jahre alt. Zum Erhebungszeitpunkt waren 17 Frauen (63%) verwitwet, eine (4%) geschieden, vier (15%) haben nie geheiratet und fünf (18%) lebten in einer Ehe. Die Frauen kamen zum Befragungszeitpunkt aus insgesamt acht verschiedenen Bundesländern. Die Verteilung ist aus *Tabelle 4* abzulesen.

Insgesamt 17 Frauen (63%) waren aus der damaligen Heimat (vorwiegend Ostpreußen, Pommern oder Schlesien) geflohen bzw. vertrieben worden, zwei (7%) erlebten später eine Deportation (Verschleppung) nach Russland. Zum Zeitpunkt der hier untersuchten Traumata, speziell zum Zeitpunkt der Vergewaltigungen durch die Alliierten waren die befragten Frauen nach eigenen Angaben zwischen 12 und 26 Jahren alt. Das Durchschnittsalter der Frauen für die damals erlebten Kriegsvergewaltigungen liegt bei 16,7 Jahren (SD = 3,2). Bis auf zwei der Befragten waren alle Frauen zu Kriegsende ledig (93%). 23 (85%) von ihnen haben

Bundesland	Anteil der Stichprobe total (in %); N = 27
Mecklenburg-Vorpommern	8 (30)
Berlin	6 (22)
Brandenburg	5 (18)
Niedersachsen	3 (11)
Nordrhein-Westfalen	2 (7)
Sachsen	1 (4)
Thüringen	1 (4)
Bayern	1 (4)

Tabelle 4: Wohnraumverteilung der Stichprobe

später geheiratet. Einen Schulabschluss erreichten alle Frauen bis auf
zwei (7%). *Tabelle 5* fasst die Soziodemografie zum Erhebungszeitpunkt
zusammen.

Soziodemographische Variable	Anteil der Stichprobe total (in %); N = 27
Vertrieben*	17 (63)
Familienstand aktuell	
– verheiratet	5 (18)
– verwitwet	17 (63)
– geschieden	1 (4)
– ledig	4 (15)
Schulabschluss	
– Hauptschule/Volksschule: 8 Klassen	17 (63)
– Realschule: 10 Klassen	2 (7)
– Erweiterte Oberschule: Fachabitur/Abitur	5 (18)
– andere	1 (4)

* Zum Begriff der Vertreibung zählt hier auch Flucht vor den anrückenden Truppen (nach Fischer/Struwe/Lemke 2006).

Tabelle 5: Soziodemografische Variablen: Vertreibungserfahrung, aktueller Familienstand und Schulabschluss

2.3 TESTPLANUNG

Die vorliegende Untersuchung basiert auf der Grundlage einer Stichprobengröße von N = 27. Laut Bortz (1999) zählt dieser Wert als »kleine« Stichprobe und lässt nur ungenaue Parameterschätzungen zu. Anders formuliert, die Teststärke (Power, $1-\beta$), die Wahrscheinlichkeit einen tatsächlich vorhandenen Effekt in einer Population empirisch zu erkennen, sinkt mit dem Stichprobenumfang. Darüber hinaus wächst mit einer kleiner werdenden Stichprobe die Wahrscheinlichkeit, empirisch einen Effekt zu erkennen, der jedoch in der Population tatsächlich nicht vorhanden ist. Dies bezeichnet die Irrtumswahrscheinlichkeit α, die meist vor einer Untersuchung festgelegt wird. Konvention ist ein α von .05 oder .01 (Cohen 1988). Bei entsprechend erschwerenden Bedingungen, wie dem hier vorliegenden kleinen Stichprobenumfang, kann das α-Niveau in theoretisch und pragmatisch akzeptablem Rahmen angepasst werden.

Um also mit den gegebenen Voraussetzungen der besonderen Stichprobe statistisch optimal verwertbare Ergebnisse zu erzielen, wird der quantitativen Analyse eine Post-hoc-Power-Analyse vorangestellt.

Eine *Kriteriumsanalyse* mit dem Programm G-Power (3.0.10) zur Teststärkenanalyse ergab Folgendes: Mittels eines gegebenen Stichprobenumfangs von $N = 27$ und einer zu erzielender Teststärke nach Cohen (1988) von .80 kann bei einseitiger Messung ein mittlerer Effekt von .30 mit einer α-Fehlerwahrscheinlichkeit von .22 (22%) erkannt werden. Ein großer Effekt würde sich unter gleichen Bedingungen mit einer Irrtumswahrscheinlichkeit von .02 (2%) zeigen. Da jedoch eine Irrtumswahrscheinlichkeit von α = 22% nicht akzeptabel erscheint, wird das α-Niveau für die statistische Hypothesenprüfung auf .10 (10%) angepasst.

Eine *Post-hoc-Poweranalyse* zeigt, dass mit diesem liberalisierten Irrtumsniveau unter gegebenen Voraussetzungen Teststärken von .63 (63%) für mittlere Effekte und .95 (95%) für große Effekte zu erzielen sind. Auf der Grundlage dieser Analyse ergibt sich somit ein α-Niveau von .10, anhand dessen alle Hypothesen statistisch überprüft werden. Um genauere Schätzungen zuzulassen, wird auch unter einem Irrtumsniveau von .05 getestet. Dieses erreicht eine Power von .48 (48%) für mittlere

Effekte und .90 für große Effekte. Diese Berechnungen gelten jeweils für die einseitige Testung. *Tabelle 6* veranschaulicht die festgesetzten Parameterwerte (für das adjustierte α).

Feste/festgelegte Parameter	
	N = 27
	α = .10
Resultierende Parameter	
bei r = .30	1-β = .95
bei r = .50	1-β = .63

Tabelle 6: Parameter der Inferenzstatistik

2.4 ERHEBUNGSVERFAHREN UND MESSINSTRUMENTE

Vor der eigentlichen Datenerhebung war jeweils Zeit für die Interviewerin und die Studienteilnehmerin, sich auf die Erhebung einzustellen und im persönlichen Gespräch, soweit dies in der kurzen Zeit möglich war, eine vertrauensvolle Beziehung aufzubauen. Weiter wurden alle Teilnehmerinnen über den Ablauf der Erhebung informiert und dazu aufgefordert, die kommenden Fragen durch klärendes Nachfragen zu ergänzen. Außerdem wurde die Möglichkeit von Pausen bzw. des offenen Einspruchs gegen Fragen betont. Dies erschien im Kontext der sensiblen »Geschichte« der Frauen als besonders wichtig. Im darauf folgenden soziodemografischen Erhebungsteil wurden neben Alter, Schulbildung, Berufsabschluss und aktuellem Familienstand Eckdaten der damaligen Lebenssituation, wie erlebte Vertreibung, Deportation, Familienstand, und Aufenthaltsort von Vater bzw. Ehemann erfragt.

Hieran schloss sich ein teilstrukturiertes (Leitfaden-)Interview mit narrativem Charakter an, das mittels digitalem Audioaufnahmegerät aufgezeichnet wurde. Erfasst wurden hierbei die Lebenssituation der Frauen zur Zeit des Einmarsches der Alliierten 1945 und speziell die Erlebnisse der Kriegsvergewaltigungen.

Der zweite Teil bestand aus mehreren klinischen Fragebögen[5]. Diese wurden zur Erleichterung für die Studienteilnehmerinnen gemeinsam durchgegangen und von der erhebenden Person ausgefüllt. Aufgrund weiter Entfernungen, die bis zum Wohnort der Interviewten zurückgelegt wurden, war jede Erhebung auf einen einzigen Termin beschränkt.

2.4.1 DAS »NARRATIVE« LEITFADENINTERVIEW

Für die vorliegende Untersuchung wurde ein biografisches »Leitfadeninterview« bzw. ein teilstrukturiertes (semistrukturiertes) Interview durchgeführt. Hierfür wurde die »Face-to-face«-Methode gewählt. Dies bedeutet das persönliche Treffen mit den Studienteilnehmerinnen und in der Regel das Führen von Vieraugengesprächen. Grundsätzlich zeichnet sich das Leitfadeninterview dadurch aus, dass Fragen vorgegeben und so die angeregten Antworten bzw. Erzählungen in gewisser Weise eingeschränkt werden. Der Interviewer ist hierbei relativ frei in der Umgestaltung von Frageformulierungen, der Fragereihenfolge und beim Streichen von Fragen. Weiter ermöglicht das Leitfadeninterview der interviewenden Person Rückfragen zum besseren Verständnis, um Antworten und somit auch die Fragen möglichst inhaltsvalide auswerten zu können.

Die erste Frage des freien Teils der vorliegenden Untersuchung wurde gezielt möglichst offen und breit formuliert: »Schildern Sie bitte kurz Ihre Lebensumstände während des Kriegs, bevor die Konfrontation mit der russischen Armee[6] statt gefunden hat!«

Zum einen sollte dies den Erzählfluss anregen und somit mögliche anfängliche Hemmnisse überwinden. Weiter erschien der Inhalt dieses Zeitzeugenberichts zu wertvoll und zu abhängig von persönlichen Details, als dass man ihn durch mehr Fragestruktur hätte einschränken wollen. Hiermit erhält dieser erste Teil der Exploration einen stark narrativen Charakter, nur wurde hier, im Gegensatz zum streng »narrativen Interview« der Sozialforschung, teilweise durch Verständnisfragen oder

---

5 Aus dem Fragebogenset der Erhebung werden in der vorliegenden Arbeit lediglich einige, der Fragestellung entsprechende Instrumente ausgewertet.

6 Die Fragestellung ist auf die *russische* Armee beschränkt, da diese überwiegend an der hier untersuchten sexualisierten Kriegsgewalt beteiligt war.

Paraphrasen unterbrochen. Darauf folgende Fragen waren weniger offen formuliert, beispielsweise:

➤ »Wie empfanden Sie den ersten Kontakt mit den russischen Soldaten?«
➤ »Haben Sie sich vor den Vergewaltigungen zu schützen versucht, und wenn ja, wie?«
➤ »Ist eine Schwangerschaft entstanden?«

Das »narrative Interview« kommt besonders häufig im Zusammenhang mit biografischen Fragestellungen zum Einsatz. Diese Bezeichnung wird, so Hopf (1995), in der Forschungspraxis häufig weit gefasst und für biografische teilstrukturierte Interviews genutzt. Dies sei ursprünglich jedoch nicht vorgesehen. Vielmehr zeichne sich das narrative Interview durch eine »frei entwickelte Stehgreiferzählung« aus. Diese wird durch die »erzählgenerierende Eingangsfrage« (ebd., S. 179) ausgelöst. Um dem Anspruch nach Natürlichkeit in der Kommunikation und somit auch nach natürlichen Forschungsbedingungen Rechnung zu tragen, soll im freien Erzählteil der streng narrativen Interviewform der Erzählende nicht unterbrochen, also durch den Interviewer nicht nachgefragt werden. Für Verständnisfragen ist hier ein an den Erzählteil angeschlossener Abschnitt vorgesehen (Maindok 1996). Bei Diekmann (2008) findet sich hierzu die Abschwächung, dass möglichst nicht durch Fragen eingegriffen werden sollte, was die oben beschriebene weite Auslegung der Bezeichnung des narrativen Interviews bestätigt.

Zusammengefasst beinhaltet das im Rahmen der vorliegenden Arbeit durchgeführte Interview Anteile beider beschriebener Interviewformen und wird daher frei als »narratives Leitfadeninterview« bezeichnet. Dieses entspricht, aufgrund der Fragestellung und des historischen Kontextes, eher den Anforderungen qualitativer Sozialforschung als denen einer psychologisch-diagnostischen Interviewführung. Die Auswertung einiger qualitativ ermittelter Daten erfolgt quantitativ.

2.4.1.1 Erfassung quantitativer Daten durch das Leitfadeninterview

Die Extraktion quantitativer Daten aus den Interviews hat zum Ziel, bestimmte Fakten der Kriegserlebnisse, insbesondere der interessierenden sexualisierten Kriegsgewalt, deskriptiv darzustellen, um die Begebenheiten als beschreibenden Rahmen der in der vorliegenden Arbeit fokussierten Belastungssymptomatik abzubilden. Das Kapitel zur deskriptiven Ergebnisanalyse stellt, neben der Abbildung der posttraumatischen Belastungssymptomatik, der peritraumatischen Belastung und des Kohärenzgefühls somit auch Ergebnisse in Form der Häufigkeit und Rahmenbedingungen der Kriegsvergewaltigungen sowie Aspekte zur Bewältigung (Strategien, Einfluss der gesellschaftlichen Tabuisierung) dar. Die Häufigkeiten der allgemeinen Traumata sowie der erlebten Vergewaltigungen werden im inferenzstatistischen Teil weitergehend analysiert. Im folgenden Kapitel werden alle relevanten Fragebögen vorgestellt. Zuletzt erfolgt eine Darstellung der Operationalisierung der Daten.

2.4.2 FRAGEBÖGEN

Zur Erhebung des Vorhandenseins einer PTBS fiel die Wahl auf die Posttraumatische Diagnoseskala nach Ehlers et al. (2000), die deutsche Übersetzung der »Posttraumatic Diagnostic Scale« von Foa und Kollegen (1997), da diese es ermöglicht, eine aktuelle PTBS umfassend nach allen DSM- IV (APA 1996) Kriterien zu diagnostizieren sowie den Schweregrad dieser zu bestimmen. Die Skala wurde für diese Untersuchung leicht modifiziert, um die spezielle Form der Kriegstraumatisierung als Rahmen der Diagnose zu integrieren.

Die peritraumatische Belastung wird hier mittels des Peritrauma-Belastungsbogens (Maercker 2002) erhoben, der deutschen Übersetzung des »Peritraumatic Distress Inventorys« von Brunet und Kollegen aus dem Jahre 2001. Dieser ist das bislang einzige Erhebungsinstrument des subjektiven Traumakriteriums A2, das die Belastung während und kurz nach der traumatischen Situation beschreibt.

Das Persönlichkeitskonstrukt des Kohärenzgefühls nach Antonovsky (1979) wird mit der eigens hierfür entwickelten »Sense of Coherence Scale« in deutscher Übersetzung nach Abel, Kohlmann und Noack (1995) geprüft. Dass die Skala auf der Grundlage von Interviews mit traumatisierten Personen konzipiert wurde, die laut Antonovsky (1987) ihr Leben trotz dieser Erfahrungen »bemerkenswert« gut gemeistert hatten, gibt diesem Instrument besondere Relevanz für die vorliegende Untersuchung einer Stichprobe traumatisierter Frauen, vor allem in Anbetracht der Retrospektivität auf mehr als ein halbes Jahrhundert »gemeistertes« Leben. *Tabelle 7* gibt die operationalisierten Variablen sowie die entsprechenden Erhebungsinstrumente wieder.

Operationalisierte Variablen	Erhebungsinstrument
Häufigkeitsverteilung der Traumata allgemein	modifizierte Posttraumatische Diagnoseskala (mPDS) nach Ehlers et al. (2000)
»schlimmstes Erlebnis«	modifizierte Posttraumatische Diagnoseskala (mPDS) nach Ehlers et al. (2000)
Häufigkeitsverteilung der Vergewaltigungen	Leitfadeninterview
Beeinträchtigte Lebensbereiche	modifizierte Posttraumatische Diagnoseskala (mPDS) nach Ehlers et al. (2000)
Bewältigungsstrategien	Leitfadeninterview
damalige peritraumatische Belastung	Peritrauma-Belastungsbogen (PDI) nach Maercker (2002)
aktuelle posttraumatische Belastung	modifizierte Posttraumatische Diagnoseskala (mPDS) nach Ehlers et al. (2000)
aktuelle Ausprägung des Kohärenzgefühls	Sense of Coherence Scale (SOC) nach Abel et al. (1995)

Tabelle 7: Operationalisierung der Untersuchungsvariablen

2.4.2.1 DIE MODIFIZIERTE POSTTRAUMATISCHE DIAGNOSESKALA (mPDS)

Die Posttraumatische Diagnoseskala nach Ehlers et al. (2000) ist eine Übersetzung der amerikanischen Posttraumatic Diagnostic Scale von Foa und Kollegen (1997). Die Originalform erfasst alle sechs Diagnosekriterien einer Posttraumatischen Belastungsstörung nach DSM-IV (APA 1996). Somit ist es möglich, mittels dieses Screeninginstruments eine aktuelle PTBS zu diagnostizieren. Insgesamt besteht das Instrument aus drei Teilen:

Teil 1 umfasst, gemäß der ICD-10-Diagnosekriterien (WHO 2005) für die PTBS, eine Abfrage verschiedener potenzieller Traumata (modifiziert für Kriegstraumatisierung). Das Miterleben dieser wird dichotom (ja/nein) erfasst. In Anlehnung an diese soll anschließend das »schlimmste« Erlebnis mit zeitlicher Angabe benannt werden. Darauf Bezug nehmend wird die subjektive sowie objektive Belastung anhand eines ebenfalls dichotomen Antwortformats für sechs Fragen zum A1- und A2-Kriterium erfragt.

Der zweite Teil erfasst anhand von 17 Items originalkonform Belastungssymptome der DSM-IV-Kriterien (APA 1996) B (Wiedererleben), C (Vermeidung) und D (Arousal) auf einer vierstufigen Likert-Skala nach der Häufigkeit für den Zeitraum des vergangenen Monats bis zum Erhebungsdatum. Durch Aufsummieren der Itemwerte wird die Symptomschwere ermittelt.

Der dritte Teil des Erhebungsinstruments erfasst den Grad der Einschränkung innerhalb verschiedener Lebensbereiche, wie zum Beispiel die Beziehung zu Freunden oder Erotik und Sexualität.

Entsprechend der PTBS-Kriterien gibt *Tabelle 8* anhand von Beispielitems einen Überblick über die Teile des Instruments.

Bei der empirischen Prüfung der originalen PDS konnten Foa et al. (1993, 1997) gute bis sehr gute Reliabilitätswerte nachweisen. Die interne Konsistenz für das gesamte Inventar ergab ein Chronbachs α von .91, im Teil 2 konnte für die Symptomschwere α von .92 gezeigt werden. Die Subskalen werden anhand von Konsistenzanalysen als zuverlässig eingestuft. Durch Validierung am SKID, dem Structured Clinical Interview des DSM-IV (APA 1996), wurde eine konvergente Konstruktvalidität deutlich. Für die der vorliegenden Arbeit zugrunde liegende deutsche Version der PDS nach Ehlers et al. (2000) lieferten Griesel, Wessa und Flor (2006) den Beleg für gute Reliabilität und Validität.

2.4.2.2 DER PERITRAUMA-BELASTUNGSBOGEN (PDI)

Auf der Grundlage des Fragebogens von Brunet et al. (2001), dem Peritraumatic Distress Inventory (PDI), entwickelte Andreas Maercker (2002) dessen deutsche, bislang unveröffentlichte Fassung. Das Peritraumatic Distress Inventory basiert ursprünglich auf der Peritraumatic

Kriterium nach DSM-IV	Item der PDS nach Ehlers et al. (2000)
A1-Traumakriterium: objektiv	Wurden Sie körperlich verletzt?
A2-Traumakriterium: subjektiv	Fühlten Sie sich hilflos?
B-Kriterium: Wiedererleben	Hatten Sie belastende Gedanken oder Erinnerungen an das Erlebnis, die ungewollt auftraten und Ihnen durch den Kopf gingen, obwohl Sie nicht daran denken wollten?
C-Kriterium: Vermeidung	Haben Sie sich bemüht, nicht an das Erlebnis zu denken, nicht darüber zu reden oder damit verbundene Gefühle zu unterdrücken?
D-Kriterium: Arousal	Hatten Sie Schwierigkeiten, ein- oder durchzuschlafen?
E-Kriterium: Dauer	Dauern diese Probleme bis heute an?
F-Kriterium: Beeinträchtigung	Bitte geben Sie an, ob die genannten Probleme Sie in bestimmten Bereichen Ihres Lebens beeinträchtigen (zum Beispiel Beziehung zu Freunden oder Erotik und Sexualität)!

Tabelle 8: DSM-IV-Kriterien (APA 1996) in der PDS

Distress Scale. Diese war mit insgesamt 23 Items fast doppelt so lang wie das spätere PDI. Neun der alten 23 Items wurden bei der Revision beibehalten, drei neu formuliert und neun weitere neu entwickelt. Folgende Items sind unter anderem Bestandteil des Instruments:

➤ Ich fühlte mich hilflos.
➤ Ich war nahe daran, die Kontrolle über meine Gefühle zu verlieren.
➤ Ich hatte Körperreaktionen, wie Schwitzen, Zittern und Herzklopfen.

Peritraumatische Belastung entspricht dem (subjektiven) A2-Traumakriterium der DSM-IV-Diagnoserichtlinien (APA 1996; siehe Kapitel 1.4.5.1 zum Konstrukt der »peritraumatischen Belastung«). Eine Reliabilitätsprüfung des PDI anhand der beschriebenen Stichproben ergab ein Chronbachs α von .75 für die Kontroll- und .76 für die Vergleichsstichprobe sowie eine Retestreliabilität ($N = 71$, 391 Tage) von .74. Die gemessene Konstruktvalidität ergab Korrelationen mit zum Beispiel peritraumatischer Dissoziation von $r = .59$ oder den Ergebnissen der Impact-of-Event-Skale von $r = .42–.47$. Bezüglich kritischer Testwerte und Normierung des Fragebogens können bislang keine genauen Angaben gemacht werden. Ein vorläufiger Cut-off-Wert der »kritischen« peritraumatischen Belastung liegt bei der halben maximalen Punktzahl von 26. Diese wird durch Aufsummieren der Itemwerte erzielt.

2.4.2.3 DIE SENSE OF COHERENCE SCALE (SOC-29)

Antonovsky (1987) konzipierte mit der Sense of Coherence Scale (SOC) ein Instrument zur Erhebung des Kohärenzgefühls, eines von ihm postulierten Persönlichkeitskonstrukts innerhalb der 1987 veröffentlichten Theorie der Salutogenese der Gesundheit (vgl. auch Antonovsky 1997). Mit dem Inventar sollen, so Antonovsky (1987), die drei Faktoren Verstehbarkeit, Handhabbarkeit und Sinnhaftigkeit ermittelt werden, wobei der Wissenschaftler selbst von einer Einzelinterpretation der Skalen abrät, da diese untrennbar miteinander verwoben seien. Neben der Langform, die aus 23 Items besteht, liegen eine 13-Item- (SOC-13) und eine 9-Item-Kurzform (SOC-9) vor. Für Bevölkerungsstudien werden zwei Kurzskalen mit jeweils drei Items diskutiert (Hannöver et al. 2004). Abel, Kohlmann und Noack übersetzten 1995 die amerikanische Sense of Coherence Scale von Antonovsky (1987) ins Deutsche. Folgende Beispielitems sind Inhalt der SOC-29:
➤ Haben Sie das Gefühl, ungerecht behandelt zu werden? (Skala Handhabbarkeit)
➤ Wie oft sind Ihre Gefühle und Gedanken ganz durcheinander? (Skala Verstehbarkeit)
➤ Haben Sie das Gefühl, dass es Ihnen ziemlich gleichgültig ist, was um Sie herum passiert? (Skala Sinnhaftigkeit)

Die teststatistische Untersuchung der deutschen SOC durch Schumacher et al. (2000) ergab sowohl für die Gesamtskala (SOC-29), als auch für die einzelnen Subskalen und die Kurzskala (SOC-13) gute bis sehr gute Reliabilitätswerte. Die interne Konsistenz der Gesamtskala ist mit einem Chronbachs α von .92 als sehr gut einzuschätzen. Die Konstruktvalidität der SOC-29 bewegt sich im moderaten Bereich. Korrelationen können mit geringen Körperlichen Beschwerden (Gießener Beschwerdebogen), weniger somatoformen Symptomen (SOMS: Skala für multiple somatoforme Symptome) und weniger Beeinträchtigungen in Bereichen des alltäglichen Lebens (Nottingham Health Profile) nachgewiesen werden. Die Koeffizienten bewegen sich jedoch in keinem Fall über 25% gemeinsamer aufgeklärter Varianz (Schumacher et al. 2000).

Insgesamt kann, wie oben bereits angedeutet, die faktorielle Validität der SOC-29 nur als befriedigend beschrieben werden. Alters- und geschlechtsspezifische Normwerte für die deutsche Version der SOC-29 finden sich bei Schumacher et al. (2000). Hannöver et al. (2004) ergänzen diese durch Prozentangaben unter Berücksichtigung der Zugehörigkeit zu einer diagnostischen (psychiatrischen) Kategorie.

2.5 METHODEN DER DATENAUSWERTUNG

Die statistische Datenauswertung erfolgt mit dem Computerprogramm SPSS 16.0. In Anlehnung an Kapitel 2.3 zur Testplanung werden neben einer deskriptiven Darstellung verschiedener Häufigkeiten für die vorliegende Untersuchung folgende inferenzstatistische Analysemethoden verwendet.

Um die gemessene Häufigkeit einer aktuellen PTBS in der Untersuchungsstichprobe in Relation zu setzen, wird die gefundene Häufigkeit mithilfe mehrerer χ^2-Tests mit Prävalenzangaben aus anderen Studien verglichen. Die Ausprägungen von Peritrauma-Belastung und Kohärenzgefühl werden mittels One-Sample-T-Tests zu anderen Forschungsdaten in Beziehung gesetzt.

Solange entsprechende Verteilungsvoraussetzungen der Variablen gegeben sind, wird für Zusammenhangsanalysen, abhängig vom Skalenniveau, ein T-Test für unabhängige Stichproben oder eine Korrelationsanalyse durchgeführt.

3 ERGEBNISSE

Die Ergebnisse gliedern sich in zwei Abschnitte. Der deskriptive Teil beinhaltet Daten zu den erlebten Traumata im Allgemeinen, zum Trauma der Kriegsvergewaltigung und zur Bewältigung. Der inferenzstatistische Teil enthält Analysen der Variablen PTBS, Kohärenzgefühl, Traumazahl und peritraumatische Belastung und liefert damit die Grundlage für die Beantwortung der theoretischen Fragestellungen (siehe Kapitel 1.5).

3.1 DESKRIPTIVE ANALYSE

In diesem Abschnitt werden verschiedene Aspekte der Traumatisierung der untersuchten Stichprobe zusammengefasst dargestellt. Dies geschieht einerseits anhand von Häufigkeitsangaben, zum anderen vergleichend durch Hinzunahme von Normwerten aus verwandten Untersuchungen. Wie in Kapitel 2.5 beschrieben, wurden die im Folgenden dargestellten Ergebnisse aus verschiedenen Erhebungsformen gewonnen.

3.1.1 TRAUMATA ALLGEMEIN

»Dazu kamen die ganzen anderen Umstände, die mit der Flucht und mit diesem scheußlichen Wohnen zusammenhingen. Das ist doch auch alles nicht schön gewesen« (I. T., 79 Jahre).

Neben dem Trauma einer Kriegsvergewaltigung wurden weitere Kriegstraumatisierungen sowie andere, die Lebenszeitprävalenz betreffende Traumata erfasst. Bei den erfragten Erlebnissen handelt es sich, entsprechend der objektiven Traumadefinition nach ICD-10 (WHO 2005; vgl. Kapitel 1.3.1) um Ereignisse, von denen eine außergewöhnliche Bedrohung und natürlich entstehende, tief greifende Verzweiflung angenommen wird. Auf der Grundlage des objektiven Traumakriteriums wird diesbezüglich auch von Traumata, das heißt, von traumatischen Ereignissen gesprochen. Die subjektive Erlebnisqualität spielt somit jedoch im Abschnitt zu den Häufigkeitsangaben keine Rolle. Diese kommt anteilsmäßig zum Tragen, wenn folgend das schlimmste Erlebnis beschrieben wird.

3.1.1.1 HÄUFIGKEITSVERTEILUNG

Alle Interviewten (100%) geben, den Rekrutierungsvoraussetzungen entsprechend, an, von einer fremden Person sexuell misshandelt worden zu sein. Darauf folgt bei 85% der Frauen die Angabe, gehungert zu haben. Dritthäufigstes traumatisches Erlebnis (78%) ist das Sehen von Verstümmlungen oder Leichen. Zusätzlich zu den erfragten Traumata gaben acht Frauen (30%) noch weitere traumatische Ereignisse an. Sie betrafen den Tod oder die Erkrankung geliebter Menschen zu Friedenszeiten. Insgesamt berichten die Frauen im Mittel 10,8 ($SD = 3,5$) erlebte Traumata. *Tabelle 9* veranschaulicht alle erfragten Traumata und die absoluten Häufigkeiten innerhalb der Stichprobe.

3.1.1.2 »SCHLIMMSTES ERLEBNIS«

> »In der Kriegszeit kam eins aufs andere. Da hat man so viel erlebt, dass immer das was geschehen war, weggeschoben wurde, weil was Neues dazu kam. Die Flucht auf dem Haff, das war auch ganz schlimm« (I.S., 76 Jahre).

20 der interviewten Frauen (74%) geben an, die Vergewaltigung durch die Alliierten sei unter allen berichteten Ereignissen das »schlimmste« gewesen, zwei (7%) beschreiben den Heimatverlust (Vertreibung) als be-

lastendstes Ereignis, eine (4%) die unmittelbare Nähe von Kampfhandlungen und Bombardierungen und vier (15%) beschreiben ein anderes, nicht direkt erfragtes Trauma als »schlimmstes Erlebnis«. Hierzu gehört zum Beispiel das erzwungene Umbetten von Leichen oder der Tod von engen Familienmitgliedern nach dem Krieg. Der Darstellung sowohl von Qualität als auch Quantität der insgesamt erlebten Traumata folgt eine Zusammenfassung der erlebten sexualisierten Kriegstraumata.

Traumatisches Ereignis	Anteil der Stichprobe total (in %); N = 27
1. Schwerer Unfall, Feuer oder Explosion	12 (44)
2. Naturkatastrophe	1 (4)
3. Lebensbedrohliche Krankheit	13 (48)
4. Gewalttätiger Angriff durch jemanden aus dem Familien- oder Bekanntenkreis	6 (22)
5. Gewalttätiger Angriff durch fremde Person	19 (70)
6. Sexueller Angriff durch jemanden aus dem 8. Familien- oder Bekanntenkreis	3 (11)
7. Sexueller Angriff durch fremde Person	27 (100)
8. Sexueller Kontakt im Alter von unter 18 Jahren mit einer Person, die mindestens 5 Jahre älter war	19 (70)
9. Gefangenschaft	3 (11)
10. Folter	2 (7)
11. Kampfeinsatz im Krieg oder Aufenthalt im Kriegsgebiet	4 (15)
12. Unmittelbare Nähe von bewaffneten Kampfhandlungen oder Bombardierungen	18 (67)
13. Plünderungen mit Todesangst miterlebt	8 (30)
14. Erschießungen mitangesehen/-angehört	6 (22)
15. Vertreibung/Heimatverlust	15 (56)
16. Miterleben von NS-Kriegsverbrechen	2 (7)
17. Lange Trennungen von der Familie	13 (4)
18. Hat man ihnen angedroht, Sie umzubringen?	15 (56)

19. Miterleben von soldatischen (Massen-)Vergewaltigungen	12 (44)
20. Über längere Zeit zu wenig Trinkwasser	16 (59)
21. Über mehrere Tage zu wenig zu essen, sodass gehungert wurde	23 (85)
22. Scheinhinrichtung	4 (15)
23. Beobachten, wie ein Mitglied der Familie verletzt oder getötet wurde	7 (26)
24. Beobachten, wie eine andere Person verletzt oder getötet wurde	10 (37)
25. Mitansehen, wie andere sexuell misshandelt wurden	12 (44)
26. Verstümmlungen oder Leichen gesehen	21 (78)
27. Anderes traumatisches Erlebnis	8 (30)

Tabelle 9: Erlebte Traumata (Mehrfachnennungen möglich)

3.1.2 TRAUMA KRIEGSVERGEWALTIGUNG

»Zwei haben mich festgehalten, ein Dritter hat dann mich vergewaltigt. Dann haben die sich abgewechselt. Und das ging so ungefähr fünf Mal. Die Bewohner haben mich von der Straße aufgelesen, weil ich dagelegen und unten geblutet habe« (R.S., 82 Jahre).

»Er fragte meine Mutter, warum ich weine. Da sagte meine Mutter, ich bin krank. Das hat er wohl nicht geglaubt. Dann hat er mich mitgenommen auf den Kornboden, durch den Schweinestall, Hühnerstall. Der hat mir sogar noch nen leeren Sack hingelegt und mich dann auch vergewaltigt« (C.W., 79 Jahre).

Folgend wird das Trauma der Kriegsvergewaltigung anhand der Häufigkeitsverteilung in der Stichprobe und durch Abbildung angegebener Einschränkungen in verschiedenen Lebensbereichen dargestellt.

3.1.2.1 HÄUFIGKEIT

»Das kann man gar nicht zählen, wie oft das gewesen ist« (G.K., 81 Jahre).

Grundlegend für die Studienteilnahme war erlebte sexualisierte Kriegsgewalt. Das heißt, jede der interviewten Frauen berichtet von mindestens einer Vergewaltigung durch alliierte Soldaten. In den meisten Fällen
kann die Frau der Angabe einer Zahl nachkommen, auch wenn dies
häufig, laut eigener Aussage, als »ungefähr« einzuschätzen ist. Wenigen
ist es nicht möglich, quantitative Angaben zu machen, hier reichen die
Aussagen von »viele«, über »eine Nacht lang« (2) bis »wochenlang«. Im
Mittel berichtet die Untersuchungsgruppe 12,5 Kriegsvergewaltigungen (SD = 15,9). Zwei Studienteilnehmerinnen (7%) treffen die Aussage, »eine ganze Nacht lang« vergewaltigt worden zu sein, und zwei
weitere (4%) äußern sich mit der Angabe »viele« Male und »wochenlang«. Für die statistische Auswertung dieser Variablen wurden diese
nicht quantitativen Aussagen annäherungsweise in Zahlen überführt.
Tabelle 10 zeigt die erinnerten Häufigkeiten der Kriegsvergewaltigungen und deren Verteilung über die 27 Frauen der Stichprobe.

Anzahl der erinnerten Vergewaltigungen	Absolute Zahl der Frauen (in %); N = 27
1	3 (11)
2	2 (7)
3	7 (26)
4	1 (4)
5 und >5	3 (11)
10 und >10	3 (11)
20 und >20	2 (7)
30 und > 30	5 (19)
71	1 (4)

Tabelle 10: Zahl der erinnerten Vergewaltigungen

3.1.2.2 Beeinträchtigte Lebensbereiche

»Ich denke mal, das hat mein Leben irgendwie geprägt, dass ich nie die Frau
fürs Bett war, so wie das andere waren. Und mein Mann war irgendwie

immer skeptisch, dass ich mich noch hätte anders geben müssen [...]. Ich führ' das immer wieder darauf zurück« (L.T., 76 Jahre).
»Ich hätte kein Kind austragen können, weil innerlich alles kaputt war« (R.S., 82 Jahre).
»Das war so ein Makel an einem« (G.W., 89 Jahre).
»Ich bin keine Sexbombe. Das war auch nicht dementsprechend, wie man das gerne hätte« (I.S., 76 Jahre).

Auf die Nachfrage mittels mPDS, hinsichtlich welcher Lebensbereiche aufgrund der Kriegsvergewaltigungen Einschränkungen verspürt werden, gibt die Mehrzahl der Frauen (81%) Erotik und Sexualität an. Weitere Beeinträchtigungen finden sich innerhalb von Beziehungen zu Familie (26%) oder Freunden (15%) und in der Freizeit (19%). In *Tabelle 11* sind die Häufigkeiten aller genannten Einschränkungen zusammengefasst.

Lebensbereiche	Häufigkeit der Nennung absolut (in %)
Erotik und Sexualität	22 (81)
Beziehungen zu Familienmitgliedern	7 (26)
Unterhaltung und Freizeitaktivitäten	5 (19)
Beziehungen zu Freunden	4 (15)
Allgemeine Lebenszufriedenheit	3 (11)
Allgemeine Leistungsfähigkeit	3 (11)
(Hoch-)Schule oder Ausbildung	2 (7)
Arbeit	1 (4)
Hausarbeit und Haushaltspflichten	0 (0)

Tabelle 11: Beeinträchtigungen (mPDS) aufgrund der Kriegsvergewaltigungen (Mehrfachnennungen möglich)

3.1.2.3 BEWÄLTIGUNGSSTRATEGIEN

Die Ergebnisdarstellung zur Bewältigung des Traumas der Kriegsvergewaltigung wird Strategien aufzeigen, die den Frauen nach eigenen

Angaben halfen, mit der Erinnerung umzugehen. Außerdem wird abgebildet, wie viele Frauen die spätere gesellschaftliche Tabuisierung als für den Bewältigungsprozess hinderlich ansahen.

»Ich hab mit keinem drüber gesprochen« (U.K., 79 Jahre).
»Durch die Malerei hab ich mich irgendwie abgelenkt« (U.K., 79 Jahre).
»Wir haben uns gegenseitig getröstet« (R.S, 82 Jahre).
»Es sollte nicht in Vergessenheit geraten, deshalb hab ich das aufgeschrieben, für die Dorfchronik« (U.D., 83 Jahre).
»Wir hatten das abgeschlossen. Es war geschehen« (E.M., 83 Jahre).
»Ich konnte mich nie von einem Mann beherrschen lassen. Ich hab immer die Oberhand behalten. Ich denke, dass das damit zusammenhängt« (H.V., 79 Jahre).

Bei der Angabe von Bewältigungsstrategien hinsichtlich der Kriegsvergewaltigung ergeben sich insgesamt neun Kategorien. *Tabelle 12* stellt die Häufigkeitsverteilung der Bewältigungsstrategien im Überblick dar.

Bewältigungsstrategie	Häufigkeit der Nennung absolut (in %)
Verdrängung	10 (37)
Sprechen	7 (26)
Aktive Aufarbeitung	5 (19)
Arbeit	4 (15)
Hobbys	4 (15)
Spiritualität	2 (7)
Wut	2 (7)
»nicht nötig«	4 (15)
»weiß nicht«	2 (7)

Tabelle 12: Bewältigungsstrategien (Mehrfachnennungen möglich)

3.2 INFERENZSTATISTISCHE ANALYSE

3.2.1 AKTUELLE PTBS-AUSPRÄGUNG UND SYMPTOMSTÄRKE

»Das sitzt drin, das kriegen Sie nicht wieder los« (R.S., 82 Jahre).

»Man träumte davon, man wurde wach, man sah mit einem Male die Russen wieder vor sich, man war wieder in solcher Scheune. Dann hab ich im nächsten Moment gedacht, ach nee, du hast ja geträumt. Das hat 'ne ganze Zeit gedauert« (I.T., 79 Jahre).

»Ich glaube, es hängt einem das ganze Leben, und zwar immer dann nach, wenn sich die schlimmen Ereignisse jähren« (B.Z., 81 Jahre).

Die mit der modifizierten Posttraumatischen Diagnoseskala (mPDS) erhobenen Daten wurden anhand der entsprechenden PTBS-Diagnosekriterien ausgewertet. So kann für jede Probandin eine aktuelle PTBS nach DSM-IV (APA 1996) »diagnostiziert« werden.[7] Die Daten zeigen bei fünf der befragten Frauen (19%) eine voll ausgeprägte Posttraumatische Belastungsstörung (PTBS+); weitere acht Probandinnen (30%) zeigen, entsprechend der Definition von Blanchard et al. (1994, 1995), eine partielle Ausprägung der PTBS (PTBS+-). Sie werden für die weitere Analyse zur Gruppe derjenigen ohne PTBS-Ausprägung (PTBS-) gezählt.

Für die Probandinnen mit Vollausprägung zeigt sich eine mittlere *Symptomstärke* von 1,4 (*SD* = 0,5), für diejenigen mit partieller oder ohne PTBS-Symptomatik von 0,5 (*SD* = 0,3). Die assoziierte vierstufige Skala bewegt sich zwischen den Polen 0 (überhaupt nicht oder nur einmal im Monat) und 3 (fünfmal oder öfter pro Woche/fast immer). Die Abweichung zwischen den Gruppen (*T*-Test) erweist sich als hoch signifikant (*p* = 0.000**).

Anschließend wurde die ermittelte PTBS-Häufigkeit mit der der 60- bis 93-jährigen Normalbevölkerung (Maercker et al. 2008), der Normalbevölkerung ohne Kriegsvertriebene sowie kriegstraumatisierter (Kuwert et al. 2007) und sexuell kriegstraumatisierter (Lončar et al. 2006) Personen verglichen. Hierzu wurden die jeweiligen Abweichungen der

---

7 Die PTBS-Kategorisierung der Probandinnen anhand der mPDS kann eine Expertendiagnose keinesfalls ersetzen.

Stichprobenwerte von denen aus anderen Untersuchungen durch χ^2-Testung ermittelt.

Sowohl für die Stichprobe von Maercker et al. (2008; $p < 0.05$) als auch zu den Werten von Fischer, Struwe und Lemke (2006; $p < 0.05$; hier ohne potenziell kriegstraumatisierte Vertriebene) zeigen sich signifikante Abweichungen hinsichtlich der PTBS-Häufigkeit. In beiden Fällen erweist sich die PTBS-Häufigkeit der vorliegenden Stichprobe als höher. Die PTBS-Prävalenz innerhalb der Stichprobe ehemaliger Kriegskinder von Kuwert et al. (2007; $p > 0.1$), sowie die ermittelte PTBS-Ausprägung in der kroatischen Studie von Lončar et al. (2006; $p > 0.1$) weicht nicht signifikant vom Ergebnis der vorliegenden Stichprobe ab. *Tabelle 13* zeigt die absoluten PTBS-Häufigkeiten im Vergleich zu anderen Untersuchungsstichproben sowie Einmonatsprävalenzen und die χ^2-Abweichungswerte.

Absolute Häufigkeiten und Einmonatsprävalenzen						
Stichprobe	N	PTBS+	PTBS-	der PTBS (Vollbild)	χ^2	Sig. (1-seitig)
Vorliegende Stichprobe						
Sexuell kriegstraumatisiert	27	5	22	19%		
Maercker et al. (2008)						
Altersentsprechende Normalbevölkerung	814	28	786	3,44%	16,615	0,000**
Fischer, Struwe & Lemke (2006)						
Normalbevölkerung ohne Vertriebene	384	7	377	1,8%	16,615	0,000**
Kuwert et al. (2007)						
Kriegstraumatisiert	93	13	80	14%	0,293	0,588
Lončar et al. (2006)						
Sexuell kriegstraumatisiert	68	21	47	31%	1,599	0,206

Tabelle 13: PTBS-Häufigkeit der vorliegenden und anderer Stichproben
*Anmerkung: ** signifikant bei α = .05; * signifikant bei α = .10*

3.2.2 Kohärenzgefühl

»Wenn es wirklich einen Gott gibt, der alles erschaffen hat, der hat ja auch den Sexismus erschaffen. Das gehört doch zum Menschen. Eine Verarbeitung hab ich eigentlich nicht gehabt. Das hab ich nie verarbeiten müssen« (H.R., 82 Jahre).
»Ich stand auf der Straße mit Kind und Rucksack und wusste nicht, ob ich die Straße gehen soll, oder die. Und es wird immer.« (G.W., 89 Jahre).
»Es ist ja kein Wunder. Das sind auch bloß Männer. Unsere haben es genauso gemacht« (I.B., 79 Jahre).

Die gemessene mittlere Ausprägung des Kohärenzgefühls der 27 Probandinnen wird an dieser Stelle mit der aus einer Studie von Schumacher et al. (2000) (N = 630) und mit der von Hannöver et al. (2004) verglichen. Hierbei werden die drei Skalen in Anlehnung an Kuwert et al. (2008) isoliert betrachtet. Innerhalb der vorliegenden Stichprobe wurde bezüglich der Höhe des mittleren Kohärenzgefühls ein Mittelwert von 5,0 (SD = 0,8) errechnet. Dieser weist, verglichen mit dem aus der Studien von Schumacher et al. (2000), keine signifikante Abweichung vom Wert für die Alterskohorte von über 60-Jährigen (M = 5.02; SD = 0.84) der Allgemeinbevölkerung auf (t = 0.051; p = 0.480). Bei Hannöver et al. (2004) findet sich für die Altersgruppe von 61 bis 64 Jahre ein Mittelwert von 5,4 (SD = 0.8). Hiervon weicht das kleinere Stichprobenmittel des Kohärenzgefühls der sexuell kriegstraumatisierten Probandinnen signifikant ab (t = -2.3; p = 0.014**).

3.2.2.1 Kohärenzgefühl und PTBS

Der Zusammenhang zwischen der Ausprägung des Kohärenzgefühls in der Stichprobe und der PTBS-Häufigkeit zeigt sich mit einem p = .013** als hoch signifikant in negative Richtung. Die drei Skalen Verstehbarkeit (p = .023**), Handhabbarkeit (p = .038**) und Sinnhaftigkeit (p = .053*) zeigen ebenso durchweg einen signifikant negativen Zusammenhang mit dem Vorhandensein einer PTBS-Diagnose. Die Testung erfolgte mit dem T-Test für unabhängige Stichproben. Eine Korrelationsanalyse zwischen der Symptomstärke und der Gesamtskala des Kohärenzgefühls ergibt eine hoch signifikante hohe negative Korrelation (r = -.492, p = .005**). Diese Tendenz zeigt sich ebenso bei allen Subskalen der SOC-29 (Verstehbarkeit: r = -.408; p = .017**/Handhabbarkeit: r = -.395; p = .021**/Sinnhaftigkeit: r = -.414; p = .016**).

3.2.2.2 Traumazahl und Kohärenzgefühl

Die Analyse des Zusammenhangs zwischen der allgemeinen Traumazahl und der Lebensorientierung, dem Kohärenzgefühl der Probandinnen, ergibt eine annähernd mittlere, aber nicht signifikante positive Korrelation von .234 (p = .120). Beim Skalenvergleich ergibt sich eine hoch signifikante mittlere positive Korrelation von .336 (p = .044**) für die Skala Sinnhaftigkeit. Auch hinsichtlich der Anzahl der berichteten Vergewaltigungen zeigt sich für diese Skala eine mittlere positive Korrelation von .365 (p = .031**).

3.2.3 Peritraumatische Belastung

»Ich hatte so eine Heidenangst. Wenn das alles auf Sie einstürmt. Sie wissen ja vor Verzweiflung gar nicht, was Sie machen sollen« (U.R., 79 Jahre).
»Es war, wie wenn ich manchmal besinnungslos war, und dass ich es gar nicht mehr mitgekriegt habe« (I.B., 79 Jahre).
»Alle Drei sind sie über mich drübergegangen. Das hat mich so geekelt. Ich konnte nicht sprechen, ich konnte nicht schlagen, ich konnte nicht spucken, ich konnte gar nichts. Ich war vollkommen wehrlos, so schockiert bin ich gewesen« (U.D., 83 Jahre).

Um die subjektive Belastung der interviewten Frauen während und unmittelbar nach der erlebten Kriegsvergewaltigung vergleichbar zu machen, wird der Mittelwert der gemessenen peritraumatischen Belastung (Summenwert/Anzahl der Items) zu denjenigen Mittelwerten mittels One-Sample-T-Test in Beziehung gesetzt, die Brunet et al. (2001) in einer Studie an US-Polizisten (N = 702) und einer Vergleichsgruppe aus der Allgemeinbevölkerung (N = 301) erhielten. Die Probandinnen waren hier angehalten, aus einer Liste mit traumatischen/kritischen Ereignissen das »belastendste« anhand der 13 Items der mPDS einzuschätzen. Inbegriffen sind selbst erlebte, als Zeuge erlebte Ereignisse und die Nachricht von kritischen Erlebnissen von Freunden und Verwandten. Die Häufigkeitsverteilung der genannten Ereignisse ist aus *Tabelle 14* abzulesen.

Kritisches/ traumatisches Ereignis	Häufigkeit der Nennung absolut (in %)	
	Polizisten (N = 702)	Vergleichsgruppe (N = 301)
Unfälle	8 (1,1)	11 (3,7)
Naturkatastrophen	4 (0,6)	8 (2,7)
Körperliche Angriffe	157 (22,4)	52 (17,3)
Sexuelle Angriffe	17 (2,4)	15 (5,0)
Krankheiten, Verletzungen, Tod	449 (64,0)	156 (51,8)
Belästigungen, Bedrohungen	44 (6,3)	4 (1,3)
andere	16 (2,3)	38 (12,6)

Tabelle 14: Häufigkeiten erlebter traumatischer Ereignisse nach Brunet et al. (2001)

Das Stichprobenmittel der vorliegenden Untersuchungsstichprobe von 3.1 (SD = 0,74) weicht signifikant von dem der Polizisten (M = 1.5; SD = 1.1; t =10.9; p = 0.000**) sowie von dem der Vergleichsstichprobe aus der Allgemeinbevölkerung (M = 1.2; SD = 1.3; t = 13.0; p = 0.000**) ab. In beiden Fällen erweist sich die peritraumatische Belastung der vorliegenden Stichprobe sexuell kriegstraumatisierter Frauen als höher.

3.2.3.1 Peritraumatische Belastung und PTBS

Die Prüfung des Zusammenhangs zwischen der erlebten peritraumatischen Belastung und der aktuell gemessenen PTBS mittels T-Test ergibt keine signifikante Assoziation (p = .279). Eine Korrelationsanalyse zwischen Symptomstärke und Peritrauma-Belastung hingegen zeigt eine hoch signifikante positive Korrelation (r = .42; p = .015**) zwischen den Variablen an.

4 DISKUSSION

4.1 METHODISCHE EINSCHRÄNKUNGEN

4.1.1 GERINGER STICHPROBENUMFANG

Da es 65 Jahre nach Beendigung des Zweiten Weltkriegs kein Leichtes ist, Frauen zu finden, die die Erfahrung einer Vergewaltigung durch Alliierte gemacht haben und darüber hinaus aktuell bereit sind, darüber zu sprechen, basiert diese Untersuchung auf einer kleinen Stichprobengröße von N = 27. Auch wenn die methodischen Adjustierungen der Testplanung (vgl. Kapitel 2.3) diese mit einbeziehen, müssen zusätzlich einige Einschränkungen diskutiert werden.

Letztendlich schränkt der vorliegende Stichprobenumfang die potenziell verwendbaren Analyseverfahren ein. Multivariate Analysen, zum Beispiel ein regressionsanalytisches Design, dass in vielen Studien zu Vergewaltigungstraumata verwendet worden ist (vgl. Bruce et al. 2001; Maercker et al. 2008), ist hier also nicht indiziert.

4.1.2 REPRÄSENTATIVITÄT DER STICHPROBE

Da die Rekrutierung der Probandinnen letztendlich doch über Mecklenburg-Vorpommern und Brandenburg hinausging, lässt sich die

Stichprobe, was die Herkunft und so den damaligen Aufenthaltsort betrifft, als heterogener bezeichnen als erwartet. Nichtsdestotrotz muss die Repräsentativität als eingeschränkt beschrieben werden. Neben der Stichprobengröße lässt sich hier auch die Verteilung der aktuellen Wohnorte über die Bundesländer nennen (vgl. Kapitel 2.2.1). Der Großteil der befragten Frauen kommt aus Mecklenburg-Vorpommern, Berlin und Brandenburg und hielt sich zur Kriegszeit im östlichen Teil Deutschlands oder in Polen auf. Diese Regionen waren am schwersten von den Auswirkungen des russisch-alliierten Einmarschs betroffen. Da in dieser Arbeit hauptsächlich sexualisierte Kriegsgewalt durch russische Soldaten beleuchtet wird, und alle Frauen der Stichprobe Vergewaltigungen von russischer Seite erlebten, müssen die Ergebnisse dahingehend in ihrer Repräsentativität als teilweise eingeschränkt betrachtet werden. Die gezielte Befragung von Frauen, die von westlichen Alliierten, von amerikanischen, britischen oder französischen Soldaten vergewaltigt wurden, wäre hier interessant.

Ein anderer Aspekt, der im Hinblick auf die »Unvollständigkeit« der Stichprobe genannt werden muss, betrifft die Selektion der Frauen, die sich auf den Studienaufruf meldeten. Es ist davon auszugehen, dass die Population der kriegsvergewaltigten Frauen, die sich entschließt, an einer Untersuchung teilzunehmen, die sich mit diesem Trauma beschäftigt, eine besondere ist. Newman und Kaloupek (2004) beschreiben ein Ansteigen des Stressniveaus bei traumatisierten Personen mit multipler Traumatisierung oder posttraumatischer Stresssymptomatik, wenn diese an psychotraumatologischer Forschung teilnehmen (vgl. auch Johnson/ Benight 2003). Dies kann als Hinweis dafür gesehen werden, dass die vorliegende Stichprobe anteilsmäßig aus Frauen besteht, die eher eine schwache bis mittelstarke posttraumatische Symptomatik zu verzeichnen haben und daher eine Konfrontation mit dem Trauma nicht scheuen. Eine Studie von Ferrier-Auerbach, Erbes und Polusny (2009) zeigt zwar signifikante Unterschiede der emotionalen Reaktionen von Probanden bei traumaassoziierter und nicht traumaassoziierter Forschung in oben postulierte Richtung, jedoch berichten die Wissenschaftler gleichzeitig keine Unterschiede, wenn gefragt wurde, ob die Teilnahme bedauert würde, oder wenn nach dem persönlichen Zugewinn durch die Partizipation gefragt wurde. Offensichtlich löse die Beschäftigung mit dem

Trauma bei »moderat« Traumatisierten keinen großen Distress aus, tendenziell, so die Wissenschaftler, überwiege der Gewinn durch eine Konfrontation die negativen Folgen.

Die Ergebnisse der vorliegenden Untersuchung zeigen keine schwache oder mittelstarke posttraumatische Belastung, sondern, mit einer PTBS-Häufigkeit von fast 50% (Voll- und partielle Ausprägung) eine hohe Ausprägung innerhalb der Stichprobe. Jedoch ist es denkbar, dass der Wunsch des »Gehört-Werdens« der Frauen stärker ist als die Angst vor einer Retraumatisierung, sodass sich viele meldeten, die mehr als eine moderate Belastung zu verzeichnen haben.

Sehr stark Traumatisierte haben wahrscheinlich auch in dieser Studie eine Teilnahme von vornherein verweigert (Ferrier-Auerbach/Erbes/Polusny 2009). Neben der bewussten Verweigerung einer Studienteilnahme von stark traumatisierten Frauen muss auch deren hohe Mortalität genannt werden. Da Traumatisierung mit psychischer und körperlicher Krankheit assoziiert ist (Fischer/Riedesser 2003; Maercker 2003), wird davon ausgegangen, dass viele der (sexuell) kriegstraumatisierten potenziellen Probandinnen früher verstorben sind, als nicht oder weniger stark belastete Personen. Diese Sterblichkeit wird auch durch Missbrauch und Abhängigkeit von psychotropen Substanzen gefördert (Resick 2003). Der frühe Tod von durch Traumatisierung belasteten Menschen wird häufig auch selbst herbeigeführt (vgl. Kapitel 1.3.2).

4.1.3 FEHLEN EINER ADÄQUATEN VERGLEICHSSTICHPROBE

Um die posttraumatische Belastung der sexuell kriegstraumatisierten Frauen optimal vergleichbar zu machen, müsste diese mit der einer parallelisierten Vergleichsstichprobe nicht sexuell kriegstraumatisierter deutscher Frauen verglichen werden. Da jedoch die vorliegende Untersuchung einen stark deskriptiven Charakter besitzt und der Rahmen einer Diplomarbeit – die Grundlage für das vorliegende Buch – eingeschränkt ist, wurde auf einen solchen Vergleich verzichtet. Stattdessen wurde sich hinsichtlich der PTBS-Ausprägung auf Vergleichswerte aus assoziierten Studien anderer Autoren beschränkt: Lončar et al. (2006), Kuwert et al. (2007), Maercker et al. (2008) und Fischer, Struwe und

Lemke (2006). Diese Normwerte sowie diejenigen Werte für peritraumatische Belastung und Kohärenzgefühl beinhalten jeweils Einschränkungen, die in Kapitel 4.1.7 zur Operationalisierung der Variablen noch
genauer beschrieben werden.

Die Ergebnisse der inferenzstatistischen Unterschiedsanalysen müssen vor dem Hintergrund jeweiliger »verzerrender« Eigenschaften der
Vergleichsstudien betrachtet werden. Zu diesen gehören vor allem Alter,
Geschlecht, Herkunft und erlebte Traumata der Probandinnen. Für
nachfolgende Projekte ist ein Vergleich der posttraumatischen Belastungssymptomatik der sexuell-kriegstraumatisierten Frauen der Stichprobe
mit Frauen, die die gleiche Erfahrung außerhalb eines Krieges gemacht
haben, zu erwägen.

4.1.4 QUERSCHNITTSDESIGN

Die hier erhobenen Daten wurden ausschließlich querschnittlich erhoben. Kausalaussagen für den Zusammenhang verschiedener Variablen sind somit nicht möglich, da für Schlüsse dieser Art folgende drei
Bedingungen erfüllt sein müssen: Zum einen müssen die Variablen
kovariieren. Dies ist in der vorliegenden Untersuchung bei mehreren
Variablen bestätigt. Weiter muss die zeitliche Folge der Variablen nachgewiesen und letztendlich der Einfluss anderer Variablen als ursäch-
lich ausgeschlossen werden können (Sedlmeier/Renkewitz 2008). Die
letzteren beiden Bedingungen sind in der hier dokumentierten Arbeit
nicht erfüllt. Beispielsweise die negative Korrelation zwischen PTBS-
Ausprägung und Kohärenzgefühl kann aus beiderlei kausalen Richtun-
gen herrühren. Das Kohärenzgefühl kann protektiv als »Puffer« fungieren, oder aber die aktuelle posttraumatische Symptomatik konnte
über längere Zeit hinweg die heute messbare Lebensorientierung beeinflussen. Der zeitliche Ablauf ist somit nicht geklärt. Hierfür wären
Längsschnittuntersuchungen nötig, bei denen die interessierenden Variablen zu verschiedenen Zeitpunkten gemessen und andere potenziell
beeinflussende Faktoren, wie zum Beispiel unabhängige Traumata und
deren psychische Konsequenzen, mit erhoben würden. Da jedoch die
Stichprobe untrennbar mit den vergangenen geschichtlichen Ereignis-

sen verwoben ist, lässt sich ein solches Design nicht mehr anwenden, sodass die interne Validität in diesem Punkt eingeschränkt ist (Westermann 2000).

Der potenzielle Einfluss anderer Variablen kann nicht lückenlos ausgeschlossen werden. Beispielsweise wurde nicht ausreichend erhoben, in welchem Maße spätere Ereignisse die Frauen weiter oder gar erst merkbar traumatisiert haben können. Zwar wurden weitere Traumata mit erhoben, jedoch nicht deren langfristige psychische Konsequenzen. Eine derart strenge Hypothesenführung und -prüfung war jedoch nicht Ziel der Untersuchung.

4.1.5 RETROSPEKTIVITÄT: ERINNERUNGSEFFEKTE

Da sich die untersuchten Begebenheiten in der Vergangenheit befinden, wurden die Daten retrospektiv, aus der Erinnerung der Probandinnen heraus erfragt. Je größer der Zeitraum zwischen dem erinnerten Geschehen und der Erhebung, desto kritischer müssen die Limitationen dieser Methode betrachtet werden. In der vorliegenden Untersuchung wurden Daten erhoben, die auf Erinnerungen basieren, die ca. 65 Jahre zurückliegen. Die berichtete peritraumatische Belastung (PDI), Gedanken und Gefühle innerhalb der Traumasituation (mPDS) und die Art oder Häufigkeit der erlebten Traumata (mPDS, Interview) müssen somit unter Berücksichtigung der Funktionsweise und Beschränkung des traumatisierten menschlichen Gedächtnisses (vgl. auch Schmidt-Harzbach 1984) interpretiert werden. Fisseni (2004) beschreibt die Gefahr der Erinnerungsverzerrungen bei retrospektiven Untersuchungen. Im Hinblick auf traumaspezifische Erinnerungen existieren kontroverse Forschungsergebnisse. Jelinek et al. (2009) untersuchten traumaassoziierte und nicht assoziierte Erinnerungen auf Organisiertheit und fanden einen stärkeren Zusammenhang zwischen Desorganisierung und Traumaassoziation innerhalb einer Untersuchungsgruppe mit PTBS. Probanden ohne PTBS zeigten dahingehend eine schwächere Korrelation. Zu ähnlichen Ergebnissen kamen Kleim, Wallot und Ehlers (2008) beim Vergleich der Integration von traumaassoziierten und nicht assoziierten Erinnerungen. Das Vorhandensein einer PTBS sei Indikator für eine schlechtere Integration der verschiedenen Erinnerungen und somit für eine größere Wahrscheinlichkeit der Konfundierung traumatischer Erinnerungen mit anderen autobiografischen Erlebnissen.

Eine aktuelle dänische Studie von Thomsen und Berntsen (2009) widerlegt die Annahme der Gedächtnisbeeinträchtigung für traumatische Erinnerungen. Die Wissenschaftlerinnen untersuchten Veteranen des Zweiten Weltkriegs mit PTBS-Symptomatik auf deren Erinnerungsfähigkeit hinsichtlich dieses Zeitraums. Die Ergebnisse zeigen sogar, dass die ProbandInnen mit höherer posttraumatischer Symptomatik einen besseren Zugang zum stressreichen Erlebten sowie eine bessere Integrationsfähigkeit dieser Erinnerungen in die generelle Lebensgeschichte haben als die Kontrollgruppe mit geringerer emotionaler Aktivierung. Generell, so schlussfolgern Thomsen und Berntsen, ist es möglich, dass eine größere emotionale Involviertheit beim Erinnern diesen besseren Zugang ermöglicht.

Im Gegensatz zu diesen Befunden von Thomsen und Berntsen sowie zu denen von Jelinek (2009) wird für die vorliegende Untersuchung eine moderate Verzerrung angenommen, da es sich um eine Stichprobe handelt, zu der sich die Teilnehmer freiwillig meldeten. Der Wunsch, zu sprechen, lässt vermuten, dass die Probandinnen sich gedanklich auf die Befragung vorbereiteten und die Erinnerung somit eher zugänglich war. Die Vorbereitung auf das Treffen zeigte sich bei vielen gemeinsamen Interviews, zum Beispiel durch herausgesuchtes Bildmaterial. Andererseits können Erinnerungen, die immer wieder aktiviert werden, einen Konstruktionscharakter bekommen, was eine Verzerrung oder Konfundierung schwer erkennbar macht. Fasst man die Forschungsdaten zusammen, so ist es möglich, dass die Narrative oder andere erinnerte Fakten teilweisen Verzerrungen unterliegen. Jedoch sind diese als akzeptabel einzuschätzen (vgl. hierzu Foa/Molnar/Cashman 1995).

4.1.6 INTERVIEWER- UND UMGEBUNGSEFFEKTE

Die interne Validität einer Untersuchung, in diesem Falle einer Befragung, wird maßgeblich von systematischen Faktoren beeinflusst, die sowohl aus der Untersuchungssituation als auch von beteiligten Personen her resultieren (Sedlmeier/Renkewitz 2008).

Die Erhebungen der hier diskutierten Untersuchung fanden, wie in Kapitel 2.1 beschrieben, in den meisten Fällen bei den Frauen zu Hause statt. Das allein bewirkt eine erhöhte Varianz innerhalb der Stichprobe. In einigen Fällen war der Ehemann beim Gespräch anwesend, weil dies von den Befragten gewünscht wurde, was ebenso Verzerrungen der Aussagen der Frauen bewirken kann. Da die Erhebung über den gesamtdeutschen Raum erfolgte und somit zeitlich und logistisch aufwendig war, wurde sie von zwei Personen durchgeführt. Die Validität der Daten, die durch das narrative und teilstrukturierte Interview sowie die anschließenden Fragebögen erhoben wurden, kann hierdurch als potenziell beeinträchtigt gelten. Da – zum Teil auch aufgrund des hohen Alters der Probandinnen – vor allem die Beantwortung der Fragebögen viel Unterstützung durch die interviewende Person erforderte, kann es besonders hier zu leichten, jedoch akzeptablen Verzerrungen der Antworten gekommen sein.

4.1.7 OPERATIONALISIERUNG DER VARIABLEN

Im Allgemeinen ergeben sich hinsichtlich der Beantwortung der Fragebögen dadurch Einschränkungen, dass sie nicht eigenständig durch die Probandin, sondern zur Erleichterung für die Frauen mit Unterstützung durch die Interviewerin erfolgte. Somit erweisen sich mehrstufige Antwortformate mit steigender Stufenzahl für den Beantwortenden als schwierig und als anfällig für Interviewereffekte (vgl. Kapitel 4.1.6). Hinzu kommt das durchschnittlich hohe Alter der Stichprobe. Die Erfassung der komplexen Antwortstruktur kann hierdurch beeinträchtigt sein.

4.1.7.1 MPDS

Die modifizierte Posttraumatische Diagnoseskala (mPDS) wird an dieser Stelle aus unterschiedlichen Gründen kritisch betrachtet.

Zum einen ist das Instrument eines von verschiedenen, die eine PTBS erfassen können. Die mit dem SKID zu erhebende (strukturiertes klinisches Interview für DSM-IV) PTBS zum Beispiel, erfasst die Symptome zwar ebenso auf der Grundlage des DSM-IV (APA 1996), kann aber allein durch die Erhebungsmethode Abweichungen in den Ergebnissen bewirken. Auch die CAPS (Clinician Administered PTBS Scale) oder die PSS-SR (PTBS Symptom Scale-Self Report) erfassen eine PTBS. Die herangezogenen Diagnosekriterien spielen also bei der Erhebung und den resultierenden Ergebnissen eine entscheidende Rolle (van der Kolk/ McFarlane 1996; vgl. auch Kapitel 1.3.1). Gleiches gilt für die partielle PTBS, die Bestandteil der Ergebnisse ist.

Ein weiterer Diskussionspunkt ist das zeitlich verankerte vierstufige Antwortformat der mPDS. Bei der Erhebung fiel auf, dass es den Probandinnen schwerfiel, die aktuelle Symptomausprägung hinsichtlich der Häufigkeit innerhalb des letzten Monats einzuschätzen. Einmal kann das hohe Alter der Befragten als Grund dafür genannt werden, dass die Antwortstufen schwer abzugrenzen waren, weiter wurde vielfach angegeben, dass eine »pauschale« Häufigkeitsangabe für den letzten Monat nicht möglich sei. Dies sei außerdem von zum Beispiel retraumatisierenden Bedingungen, wie etwa Fernsehberichten, abhängig, so einige der Frauen. Das Frageformat erzeugte aufgrund der starren Struktur hier vielfach Reaktanz, erhöhte damit die Varianz innerhalb und zwischen den Antworten und verringerte schließlich deren Validität. Die große Zeitspanne zwischen möglicher Retraumatisierung und der Befragung gibt der erfragten Einmonats-Zeitspanne weniger Relevanz als dies bei jüngerer Traumatisierung der Fall ist. Demzufolge ist zu erwägen, für die Erfassung der PTBS-Symptomatik bei längerfristigen bzw. potenziell chronischen Traumatisierungen (vgl. hierzu Kapitel 1.3.2) einen größeren Zeitraum als Rahmen zu wählen und für ältere Probanden die Skalenverankerungen so zu formulieren, dass diese leichter verständlich und klarer voneinander abgrenzbar werden.

Die Kritik von Green (2000; vgl. hierzu auch Kapitel 1.4.4.1), dass in vielen Untersuchungen zu wenig Acht auf andere, nicht zentrale Traumatisierungen gegeben wird, kann auch hier als gültig erachtet werden. In der vorliegenden Studie werden im Rahmen der mPDS zwar andere Traumata erfasst, deren subjektive Konsequenzen jedoch nicht mit betrachtet. Konkret bedeutet das, dass einige Frauen einschneidende Erlebnisse berichteten, die unabhängig von den Kriegsvergewaltigungen für die Entstehung einer PTBS bedeutsam sein könnten. Eine Trennung kann allerdings im Rahmen des vorliegenden Designs nicht vorgenommen werden, sollte jedoch Ziel zukünftiger Forschung sein.

Neben der vollen und der partiellen Ausprägung der PTBS werden in der vorliegenden Studie Komorbiditäten der PTBS, zum Beispiel Depression oder die soziale Phobie, sowie Begleitsymptome, beispielsweise Suizidgedanken (Gersons 2000; Lončar et al. 2006), nicht mit betrachtet. Eine allumfassende Diagnose des psychischen Gesundheitszustandes der Probandinnen könnte, ergänzend zur posttraumatischen Belastungssymptomatik, ein allumfassenderes Bild zeichnen.

Ein entscheidender Diskussionspunkt ist eine potenzielle DESNOS der Probandinnen. Laut Maercker (2003) entwickle sich eine DESNOS nach lang andauernder oder sich wiederholender Traumatisierung. Entsprechende Kriterien treffen auf viele der befragten Frauen zu. In den Gesprächen zeichneten sich Persönlichkeitsstrukturmerkmale ab, die verschiedenen Symptomen einer DESNOS entsprechen. So zeigten sich viele der Frauen sehr vorsichtig und anfangs oft höchst misstrauisch im Kontakt mit der Interviewerin, berichteten von häufigen feindseligen Auseinandersetzungen mit anderen oder von Vereinsamungsgefühlen im zwischenmenschlichen Bereich (vgl. Maercker 2003). Da diese und andere dahingehend interessante Symptome jedoch nicht systematisch erhoben wurden, muss ein potenziell erhöhtes DESNOS-Risiko und die subjektive Einschätzung der Persönlichkeit der Probandinnen als spekulativ erachtet werden. Da die Skala gute bis sehr gute Werte hinsichtlich der Güte aufzeigt, wird der empirische Wert der mPDS-Daten für diese Untersuchung, trotz der diskutierten Einschränkungen, als hoch eingeschätzt. Abweichungen durch die geringfügigen Modifikationen der ursprünglichen PDS zur verwendeten mPDS sind als minimal einzuschätzen (vgl. Kapitel 2.4.2.1).

4.1.7.2 SOC-29

Die Messung des aktuellen Kohärenzgefühls der kriegstraumatisierten Frauen mittels der siebenstufigen Skala der SOC-29 zeigt wenige methodische Einschränkungen auf. Die Likert-Skala erwies sich in der Anwendung als zu breit und als im Gesamtumfang schwer erfassbar. Dies kann geringe subjektive Verzerrungen durch die unterstützenden Interviewer zur Folge haben.

Weiter muss die Interpretation der Einzelskalen der SOC-29 kritisch betrachtet werden. Wie schon Antonovsky (1987) anriet, sollen diese eher nicht isoliert interpretiert werden. Die nur befriedigende faktorielle Validität der Skalen bestätigt diese Annahme. Zur Informationsgewinnung und in Anlehnung an Kuwert et al. (2008) ist jedoch in der vorliegenden Arbeit eine vorrangig explorative Analyse der Werte der drei Einzelskalen zu finden. Ihre Ergebnisse bieten mögliche Anstöße für Folgeuntersuchungen hinsichtlich der Konstruktion des Kohärenzgefühls.

4.1.7.3 PDI

Peritraumatische Belastung, als ausschließlich retrospektiv zu erhebende Variable, muss als anfällig für Verzerrungen eingeschätzt werden. Die oben beschriebenen möglichen Erinnerungseffekte können für Situationsbeschreibungen verantwortlich sein, die nachträglich durch spätere eigene Erlebnisse bzw. Empfindungen oder durch mediale Beeinflussung gefärbt sein können (Maercker/Mehr 2006; vgl. Kapitel 5.1.5).

Die gemessene Belastung beruht auf subjektiver Traumaerfahrung. Eine traumatische Situation kann daher nur schwer mit einer anderen verglichen werden. Dies zeigt sich unter anderem darin, dass es bislang an kritischen Testwerten oder ausreichender Normierung mangelt.

Insgesamt werden mit den abgebildeten methodischen Limitationen mögliche Störquellen der Untersuchung zusammengefasst. Ein solcher kritische Blick auf die dokumentierte Methodik erscheint als notwendig, kann und soll jedoch den Wert der hieraus gewonnenen Ergebnisse nicht mindern.

4.2 INTERPRETATION UND DISKUSSION DER ERGEBNISSE

4.2.1 ALLGEMEINE TRAUMATISIERUNG UND DAS TRAUMA DER KRIEGSVERGEWALTIGUNG

Anhand der modifizierten Liste der PDS, die die erlebten Traumata erfasst, ergibt sich für die Stichprobe eine mittlere Zahl von zehn erlebten traumatischen Ereignissen. Diese übersteigt die Lebenszeitprävalenz von vier Traumata, die Fischer, Struwe und Lemke (2006) bei Vertriebenen des Zweiten Weltkriegs fanden, um mehr als das Doppelte (vgl. Kapitel 1.4.2).

Bei der Allgemeinbevölkerung maßen die Wissenschaftler zwei traumatisierende Ereignisse im Leben. Die besonders große Zahl erlebter Traumata bei der vorliegenden Stichprobe kann daher rühren, dass die verwendete Liste der Traumata für Kriegserleben modifiziert wurde, wohingegen Fischer, Struwe und Lemke (2006) die Originalform von Foa et al. (1993) nur um das Item der »Vertreibung aus der Heimat« erweitert haben. Ein anderer Grund kann in der Stichprobe der befragten Frauen liegen. Womöglich meldeten sich vorwiegend solche, die viele traumatische Erlebnisse im Zweiten Weltkrieg hatten, so die Kriegserlebnisse stärker im Gedächtnis behielten und eher geneigt waren, diese Erlebnisse zu berichten.

Die Ergebnisse zeigen außerdem, dass neben den erfragten 26 traumatischen Ereignissen weitere Erlebnisse Einfluss auf den Grad der Traumatisierung und somit der posttraumatischen Belastung haben können. Von diesen zusätzlichen anderen Traumatisierungen – zum Beispiel der Tod geliebter Menschen – erweisen sich einige als das »schlimmste Erlebnis«. Auch Traumata der Liste der mPDS – mit Ausnahme der Kriegsvergewaltigung – werden von manchen Probandinnen als am meisten traumatisierend beschrieben. Dies bedeutet, dass eine potenzielle posttraumatische Folgesymptomatik vor dem Hintergrund verschiedener potenziell traumatischer Erlebnisse gesehen werden muss. Somit müssen Aussagen über eine PTBS als Folgestörung von sexualisierter Kriegsgewalt vor diesem Hintergrund interpretiert werden. Hier kommt das Konzept der multiplen Traumatisierung zum Tragen (vgl. Ford et al. 2006; Suliman et al. 2009). Auch wenn in der vorliegenden Untersuchung, eventuell aufgrund der mangelnden Stichprobengröße, kein Zusammenhang zwischen der Anzahl der Traumata und der PTBS-Häufigkeit oder der Symptomstärke gefunden wurde, kann auf der Grundlage der Theorie der multiplen Traumatisierung (Green et al. 2000) Suliman et al. 2009; vgl. Kapitel 1.4.4.1) davon ausgegangen werden, dass die Erlebnisse um die Kriegsvergewaltigung einen Einfluss auf die spätere Symptomatik haben.

4.2.2 PTBS

Die Stichprobe der befragten kriegstraumatisierten Frauen weist eine nachweislich erhöhte PTBS-Symptomatik auf. Insgesamt zeigte etwa die Hälfte der Probandinnen eine volle oder partiell ausgeprägte PTBS. Die Häufigkeit einer voll ausgeprägten PTBS weicht signifikant von der der Vergleichsstichproben aus der Normalbevölkerung ab (Maercker et al. 2008; Fischer/Struwe/Lemke 2006; *siehe Fragestellung 1*). Die Annahme der erhöhten Vulnerabilität der traumatisierten bzw. (sexuell) kriegstraumatisierten Frauen innerhalb der Stichprobe ist hiermit theoriekonform bestätigt (vgl. hierzu Kapitel 1.4). Hierbei wird nicht außer Acht gelassen, dass die PTBS-Kategorisierung anhand der mPDS eine Diagnose durch einen Experten nicht ersetzen kann und im besten Fall durch diese ergänzt werden sollte.

Beim Vergleich mit einer Stichprobe kriegstraumatisierter Frauen von Kuwert und Kollegen (2007) zeigt sich eine Abweichung der Prävalenzwerte nach oben. Diese ist jedoch statistisch nicht signifikant. Verglichen mit der sexuell kriegstraumatisierten Stichprobe von Lončar et al. (2006) weichen die Zahlen der vorliegenden Stichprobe nach unten, jedoch nicht signifikant, ab. Die Ergebnisse erweisen sich im Allgemeinen hypothesenkonform, müssen jedoch weiter diskutiert werden. Im Theorieteil der vorliegenden Arbeit wurde besprochen, welchen Stellenwert PTBS, DESNOS und chronische PTBS nach einer Traumatisierung jeweils haben. Es wurde herausgestellt, dass bei lang anhaltender oder mehrfacher Traumatisierung häufig das Störungsbild einer DESNOS gefunden wird (vgl. hierzu Kapitel 1.4.3.1). Demzufolge wäre es für die hier diskutierte Untersuchung wertvoll gewesen, diese Symptomatik zu erheben. Weiter handelt es sich bei der gefundenen Symptomatik, laut Op den Velde et al. (1990), um eine jeweils chronische PTBS, da die Traumatisierung mehr als 50 Jahre zurückliegt. Vor dem Hintergrund der besprochenen Retraumatisierungstendenz (vgl. hierzu Kapitel 1.3.2) im Alter kann für dieses Störungsbild schwer angegeben werden, in welchem Maße die Symptome über diesen Zeitraum hinweg bestanden haben, oder ob eine verstärkte Symptomatik erst nach einer symptomverminderten »Latenzzeit« wieder auftrat. Dass eine posttraumatische Belastungssymptomatik tendenziell im Alter zunimmt, wurde in Kapitel 2.3.2 erörtert. Auslöser für eine potenzielle Retraumatisierung kann außerdem der mediale Fokus auf die Thematik der Kriegsvergewaltigung zu Studienbeginn sein (Maercker/Mehr 2006). Auch die Entscheidung zur Teilnahme an der Untersuchung sowie die Teilnahme an sich können unter Umständen vermehrt posttraumatischen Stress ausgelöst haben, da Erinnerungen an die Traumatisierung neu aktiviert wurden (vgl. hierzu Doob 1992). Ein weiterer Diskussionspunkt betrifft das partielle Bild der PTBS. Verschiedene Diagnosekriterien dieses Störungsbildes erschweren es, analog zur Diagnosevariabilität der PTBS an sich, eine Teilausprägung der Störung zu attestieren. Außerdem wird vermehrt diskutiert, die Diagnoserichtlinien für die PTBS zu erweitern und vom »engen« Konzept der Störung abzusehen (vgl. hierzu Kapitel 1.4.2). Dies betrifft die partielle Symptomatik, die im Falle einer Liberalisierung der PTBS-Definition unter Umständen zur Vollausprägung zu zählen wäre. Zusammengefasst bedeutet das, dass die Häufigkeitsangabe für eine volle und partielle PTBS vorsichtig zu interpretieren und die Angaben für die Stichprobe eventuell noch nach oben zu korrigieren sind.

4.2.3 Kohärenzgefühl, PTBS und Traumazahl

Hypothesenkonform und analog zu Antonovskys Salutogenesetheorie (1987) zeigt sich ein negativer Zusammenhang zwischen PTBS-Symptomatik und dem gemessenen Kohärenzgefühl *(siehe Fragestellung 2a)*. Die Korrelationsanalyse mit der PTBS-Variable Symptomstärke stützt dieses Ergebnis. Somit ist anzunehmen, dass das Kohärenzgefühl einen protektiven Einfluss auf die Ausbildung einer posttraumatischen Belastungssymptomatik hat (Antonovsky 1997). Dies stützt zum Teil die Annahme Antonovskys, dass die Persönlichkeitsvariable einen überdauernden und stabilen Charakter hat (vgl. auch Kuwert et al. 2008). Die Kausalinterpretation geschieht in Anbetracht der theoretischen Grundlagen.

Die absolute Ausprägung des Kohärenzgefühls zeigt keine Abweichung von dem, was Schumacher und Kollegen (2000) innerhalb einer altersentsprechenden bevölkerungsrepräsentativen Stichprobe ermittelten, wohingegen sich beim Vergleich mit Hannöver et al. (2004) eine signifikante Abweichung nach unten finden lässt. Diese Diskrepanz kann zum einen daher rühren, dass die Kriegserfahrungen der Untersuchungsstichprobe zu einem im Vergleich mit der weniger traumatisierten Allgemeinbevölkerung verringerten Kohärenzgefühl führten (Snekkevik

2003). Die fehlende Abweichung von der Stichprobe von Schumacher et al. (2000) kann zugleich daher rühren, dass im Vergleich zu Hannöver et al. (2004) relativ gesehen mehr über 60-jährige und somit potenziell kriegstraumatisierte Personen in der Stichprobe zu finden sind, was zur Untersuchungsstichprobe eine größere soziodemografische Ähnlichkeit bedeutete. Die Hypothese, dass das Kohärenzgefühl bei den interviewten sexuell kriegstraumatisierten Frauen niedriger ausfällt als bei Vergleichsstichproben der Allgemeinbevölkerung, bestätigt sich also für die Vergleichsanalyse mit der Vergleichsstichprobe von Hannöver et al. (2004) *(siehe Fragestellung 2b)*.

Die Interpretation des Einflusses der Häufigkeit der erlebten Traumata auf die Persönlichkeitsvariable Kohärenzgefühl geschieht unter Berücksichtigung der Einschränkungen hinsichtlich einer möglichen Kausalinterpretation im querschnittlichen Design (vgl. Kapitel 5.1.4). Auch die Interpretation der Einzelskalen erfolgt an dieser Stelle unter Vorbehalt der Erörterung zu den methodischen Einschränkungen der SOC-29 (vgl. Kapitel 5.1.7.2). Die Analyse der Zahl der erlebten Traumata zeigt eine tendenziell positive, aber nicht signifikante Korrelation zwischen Traumazahl und Kohärenzgefühl *(siehe Fragestellung 2c)*. Der Zusammenhang, der sich hier andeutet, wird durch eine signifikant positive mittlere Korrelation zwischen der Traumazahl und der Skala Sinnhaftigkeit weiter gestützt. Ähnliche Ergebnisse fanden auch Kuwert et al. (2008). Die Wissenschaftler wiesen ein signifikant höheres Kohärenzgefühl für die Gesamtskala sowie auch für die Skala Sinnhaftigkeit bei einer kriegstraumatisierten Stichprobe im Vergleich zur Stichprobe der Allgemeinbevölkerung von Schumacher et al. (2000) nach.

Die Hypothese der Variabilität des Kohärenzgefühls von Snekkevik (2001) und Ying und Akutsu (1997) bestätigt sich in gewissem Maße durch dieses Ergebnis. Innerhalb dieses Zusammenhangs zwischen Traumatisierungsintensität und Kohärenzgefühl sind mediierende oder moderierende Variablen möglich, zum Beispiel das soziale Netzwerk oder körperliche Gesundheit. Für die Zahl der erlebten Kriegsvergewaltigungen zeigt sich ebenfalls eine mittlere positive Korrelation für die Skala Sinnhaftigkeit, nicht jedoch für die Gesamtskala *(siehe Fragestellung 2d)*. Eine mögliche Erklärung hierfür könnte sein, dass, je mehr Traumata erlebt wurden, eine stärkere Suche nach Sinnhaftigkeit für dieses sich wiederholende Schicksal einsetzte, um die Traumata zu ertragen. Diese Form der positiven, teilweise spirituellen Bewältigung bewirkt möglicherweise eine adaptivere Verarbeitung des Erlebten. Hinsichtlich der hier gefundenen Ergebnisse zeigt sich eine interessante Parallele zum Konstrukt des *»Posttraumatischen Wachstums«*. Tedeschi und Calhoun (2004) berichten von einem häufigen »persönlichen Zugewinn« aus Traumaerfahrung, der auf den ersten Blick paradox erscheinen mag. Die Wissenschaftler beschreiben eine zunehmende Vulnerabilität bei vielen Traumaopfern, die gleichzeitig jedoch auch von einer Stärke sprechen, welche aus der intensiven Belastungserfahrung entstanden sei. Weiter sei es häufig zu finden, dass traumatisierte Personen sich vermehrt mit essenziellen Themen wie dem Tod oder dem Sinn des Lebens beschäftigen (vgl. auch Calhoun/Tedeschi 2006). Diese Erkenntnis stützt das aktuelle Ergebnis des erhöhten Kohärenzsinns auf der Skala Sinnhaftigkeit bei Probandinnen mit höherer Traumazahl.

Zusammenfassend wird weiter angenommen, dass die Stichprobe nicht repräsentativ für die Gruppe der kriegsvergewaltigten Frauen ist. Wie bereits in Kapitel 1.4.5.2 beschrieben, erscheint es als wahrscheinlich, dass sich das gemessene Kohärenzgefühl der Probandinnen entgegen den Erwartungen von dem der Allgemeinbevölkerung nicht wesentlich unterscheidet, da sich eher diejenigen auf den Studienaufruf meldeten, die aufgrund ihrer guten Ressourcen noch bereit und im hohen Alter in der Lage dazu waren, uns zu kontaktieren. Es ist anzunehmen, dass viele Frauen mit sehr starker Belastung und maladaptiver Verarbeitung, im Sinne eines niedrigeren Kohärenzgefühls, bereits früher verstarben (Kuwert 2008; vgl. Kapitel 1.4.5.2). Bei den Teilnehmerinnen kann ein lebenslanger positiver Einfluss der Traumatisierung auf das spätere Kohärenzgefühl im Bereich der Sinnhaftigkeit angenommen werden, wie es sich im Vergleich innerhalb der Stichprobe zeigt.

Prospektiv wäre es interessant, durch Längsschnittuntersuchungen den Einfluss von Traumatisierung auf die Veränderlichkeit der Persönlichkeitsvariable des Kohärenzgefühls zu ermitteln sowie den theoretischen Zusammenhang der Konstrukte *Posttraumatisches Wachstum* und Kohärenzgefühl zu untersuchen.

4.2.4 PERITRAUMATISCHE BELASTUNG UND PTBS

Beim Vergleich der peritraumatischen Belastung der untersuchten sexuell kriegstraumatisierten Frauen mit einer Stichprobe von Brunet und Weis (2001) zeigt sich eine hoch signifikante Abweichung dahingehend, dass die vorliegende Stichprobe eine wesentlich stärkere Belastung innerhalb der traumatischen Situation berichtet als die Vergleichsstichprobe der US-Polizisten *(siehe Fragestellung 3a)*. Dieses Ergebnis zeigt eindeutig, dass die Situation einer Kriegsvergewaltigung belastender ist als andere traumatische Situationen, wie sie von der Vergleichsstichprobe geschildert wurden. Die Bedeutung dessen liegt im Einfluss der Peritraumabelastung auf eine PTBS-Ausbildung.

Zwischen peritraumatischer Belastung und der Ausbildung einer PTBS zeigt die statistische Prüfung keinen signifikanten Zusammenhang. Jedoch ergibt sich eine hoch signifikante positive Korrelation zwischen der Peritraumabelastung und der ermittelten Symptomstärke der mPDS. Damit erweist sich der postulierte Zusammenhang zwischen der peritraumatischen Belastung und der posttraumatischen Belastungssymptomatik (vgl. Fischer/Riedesser 2003; Brunet et al. 2001) als bestätigt *(siehe Fragestellung 3b)*. Dies deutet darauf hin, dass die dichotome Variable der PTBS-Ausprägung (PTBS+ und PTBS-), gerade bei einem geringen Stichprobenumfang, methodische Mängel aufweist und eine kontinuierliche Variable, wie die der Symptomstärke, hier genauere Ergebnisse liefert. Hinsichtlich des so gefundenen Zusammenhangs, sind im weiteren Forschungsprozess vermittelnde Variablen zu prüfen, wie zum Beispiel Ärger (vgl. Clum 1999), Scham (vgl. Kuwert/Freyberger 2007a, b) oder Schuldgefühle (Foa/Rothbaum/Steketee 1993; Maercker 2003; Poutrus 1995).

5 ZUSAMMENFASSUNG UND AUSBLICK

Der mediale Studienaufruf erreichte über 30 kriegsvergewaltigte Frauen, mit 27 wurden Interview- und Fragebogenerhebungen durchgeführt. Die Ergebnisse zeigen bei jeder zweiten Frau eine voll oder partiell ausgeprägte PTBS. Wie erwartet, weisen diejenigen mit PTBS (höherer Symptomausprägung) einen niedrigeren Grad der protektiven Persönlichkeitsvariable Kohärenzgefühl auf. Dieses stellt sich auch im Vergleich mit der Allgemeinbevölkerung als niedriger heraus. Hinsichtlich der Skala Sinnhaftigkeit zeigt sich jedoch ein Anstieg des Konstrukts mit zunehmender Traumatisierung innerhalb der Stichprobe der ProbandInnen, was Querverbindungen zur Theorie des posttraumatischen Wachstums anregt.

Die erlebte subjektive Belastung innerhalb der Situation der Kriegsvergewaltigung zeigt einen positiven Zusammenhang zur Symptomstärke der posttraumatischen Belastung. Insgesamt lassen sich bis heute Beeinträchtigungen in verschiedenen Lebensbereichen finden, so zum Beispiel in der Beziehung zu Familienmitgliedern und Freunden, vor allem aber im Hinblick auf Erotik und Sexualität. Die am häufigsten genannte Strategie zur Bewältigung ist die Verdrängung. Weitere sind das Darüber-Sprechen, Arbeit, Hobbys oder eine persönliche aktive Aufarbeitung, beispielsweise durch Psychotherapie. Das im Theorieteil angesprochene Konzept der »Versöhnungsbereitschaft« gewinnt besonders im Kontext individueller Bewältigungsstrategien an Bedeutung und kann für zukünftige psychotraumatologische Forschung relevant sein. Die Ergebnisse sind vor dem

Hintergrund bestimmter methodischer Einschränkungen, vor allem vor dem Hintergrund der kleinen Stichprobengröße, zu interpretieren.

Mehr als 65 Jahre nach ihrer schweren Traumatisierung erscheint es für viele Frauen als letzte Chance, ihre Geschichte zu erzählen, deren »Vergessen« scheinbar bereits mit dem Geschehen einsetzte.

Um zu zeigen, dass das öffentliche und private Schweigen über die Welle der Kriegsvergewaltigungen um 1945 in vielen Fällen bis heute eine unsagbar große Verletzung verbirgt, war es eine wichtige Zielstellung der vorliegenden Arbeit, die aktuell bestehende posttraumatische Belastungssymptomatik beteiligter Frauen aufzuzeigen.

Außerdem wurde der Einfluss des Persönlichkeitskonstrukts des Kohärenzgefühls, der Belastungssituation und anderer Traumatisierung untersucht. Die Verknüpfung von Interviewauszügen mit quantitativer Forschung macht es innerhalb der vorliegenden Arbeit möglich, zusätzlich ein individuelles und nahes Bild der Ereignisse zu zeichnen.

Bei der Rekrutierung der Stichprobe durch Telefonate wurden viele Stimmen laut, die sich gegen eine Aufarbeitung aussprachen, da es dafür »zu spät« sei. Die Überzeugung, dass die Sorge für die Betroffenen bereits vor 65 Jahren hätte beginnen müssen, ist auch Grundlage dieser Arbeit. Da die Möglichkeiten einer heutigen Intervention, ob therapeutisch oder medizinisch, begrenzt sind, ist das Ziel der Thematisierung eine Würdigung und Anerkennung jedes einzelnen privaten wie auch des kollektiven Schicksals. Diese Arbeit soll kein Ersatz dafür sein, sondern eine andere Form der lange versäumten Auseinandersetzung. Diese ist vor allem auch im Hinblick auf Folgegenerationen der sexuell kriegstraumatisierten Frauen notwendig. Nicht zuletzt durch die hohe Kontaktaufnahme durch Kinder und Enkelkinder betroffener Frauen wurde deutlich, dass eine gesellschaftliche unterstützende Aufarbeitung unerlässlich ist. Zusätzlich wäre es interessant, die Forschung hinsichtlich transgenerationaler Effekte von Traumatisierung anzuregen.

Im Hinblick auf die besprochene Retraumatisierungsgefahr älterer allgemeinärztlicher oder klinischer Patienten wäre es auch aktuell ratsam, mehr Aufmerksamkeit auf die Psychoedukation von Ärzten und Pflegepersonal zu legen, eine verbesserte Awareness für eventuelle Traumatisierungen und somit eine größere Sensibilität für die Bedürfnisse der älteren Patientinnen zu schaffen.

Die vorliegende Untersuchung könnte viele Anregungen für Folgeuntersuchungen liefern, wäre nicht die Einschränkung des hohen Alters der potenziell zu rekrutierenden Frauen. Jedoch ergeben sich Implikationen für den weiteren Forschungsbereich der posttraumatischen Belastungsstörungen. Das Konzept der PTBS bedarf weiterer zukünftiger Evaluation und die Möglichkeiten neuer Definitionen von Traumafolgestörungen müssen geprüft werden. Die Lockerung des Begriffs der PTBS ist denkbar, ebenso die Etablierung neuer Diagnosen, die beispielsweise chronifizierte Symptome besser integrieren.

Dass Frauen und Kinder in Kriegszeiten besonders vulnerabel sind, wurde an anderer Stelle bereits besprochen. Dies verdeutlicht einmal mehr, dass Kriegsverletzungen konsequenter anhand psychischer Symptome hergeleitet und bei allen Betroffenen gesucht werden müssen. Seit einigen Jahren ist in den Medien vermehrt die Rede von einer steigenden Zahl von Soldaten mit einer PTBS. Ein Kompetenzzentrum für derartige Traumafolgestörungen, wie beispielsweise das »National Center for PTSD« in den USA, sei geplant. Eine solche Entwicklung lässt hoffen, dass seelische Verletzungen zunehmend mindestens ebenso ernst genommen werden wie körperliche. Hier greift die Verantwortung eines Staates für seine Bürger, so auch nach wie vor im Falle der traumatisierten Frauen, die Gegenstand dieser Arbeit sind. Diese Verantwortung übernehmen bislang Frauenrechtsorganisationen, wie *medica mondiale*, die sich für die Rechte traumatisierter Frauen im Ausland einsetzen. Mutige Verantwortung übernahmen auch verschiedene SchriftstellerInnen, die für die Benennung der Geschehnisse viel belächelt und kritisiert wurden. Die vorliegende Arbeit soll durch das Aufmerksam-Machen auf die Thematik der Kriegsvergewaltigung, wie sie heute in vielen Kriegsgebieten täglich passiert, diesen Einsatz unterstützen. Ein Pendant zur Untersuchung könnte zudem in der ehemaligen Sowjetunion durchgeführt werden, in der heute noch Frauen im gleichen Alter mit den »gleichen« posttraumatischen Folgestörungen nach vor 65 Jahren erlittener sexualisierter Kriegsgewalt leben.

LITERATUR

Aarts, P.G. & Op den Velde, W. (1996): Prior Traumatization and the Process of Aging. Theory and Clinical Implications. In: Van der Kolk, B.A.; McFarlane, A.C. & Weisaeth, L. (Hg.): Traumatic Stress: the effect of overwhelming experience on mind, body, and society. New York et al. (Guilford Press).

Abel, T.; Kohlmann, T. & Noack, H. (1995): Eine deutsche Übersetzung des SOC. Universität Bern: Abteilung für Gesundheitsforschung des Instituts für Sozial- und Präventivmedizin.

Acierno, R. et al. (2007): Current psychopathology in previously assaulted older adults. Journal of Traumatic Stress 22(2), 250–258.

APA (1980): Diagnostic and statistical manual of mental disorders (3rd ed.). Washington, DC (APA).

APA (1996): Diagnostisches und Statistisches Manual Psychischer Störungen (DSM-IV). Göttingen et al. (Hogrefe).

APA (2000): Diagnostisches und Statistisches Manual Psychischer Störungen (DSM-IV-TR). Göttingen et al. (Hogrefe).

Anonyma (2003): Eine Frau in Berlin. Frankfurt/M. (Eichborn).

Antonovsky, A. (1987): Unraveling the mystery of health. How people manage stress and stay well. San Francisco (Jossey-Bass).

Antonovsky, A. (1997): Salutogenese: Zur Entmystifizierung der Gesundheit. Tübingen (TGVT-Verlag).

Arnold, A.M. (1999): Bruchstücke. Trümmerbahn und Trümmerfrauen. Berlin (Omnis Verlag).

Bachner-Foregger, H. (2008): Strafgesetzbuch. Wien (Manz'sche).

Beevor, A. (2002): Berlin 1945. Das Ende. München (Bertelsmann).

Begić, D. & Jokić-Begić, N. (2007): Heterogenity of Posttraumatci Stress Disorder Symptoms in Croatian War Veterans: Retrospective Study. Croatian Medical Journal 48, 133–139

Binting, A. (2004): »Empathie« in Täter-Opfer-Verhältnissen. Konsequenzen für die psychotherapeutische Praxis. Gruppendynamik und Organisationsberatung 35(1), 67–82.

Blanchard, E. B. et al. (1994): Psychological morbidity associated with motor vehicle accidents. Behaviour Research and Therapy 32, 283–290.

Blanchard, E. B. et al. (1995): Short-term follow-up of post-traumatic stress symptoms in motor vehicle accident victims. Behaviour Research and Therapy 33, 369–377.

Boos, A. (2005): Kognitive Verhaltenstherapie nach chronischer Traumatisierung. Göttingen et al. (Hogrefe).

Bortz, J. (1999): Statistik für Sozialwissenschaftler. Berlin et al. (Springer).

Brähler, E.; Decker, O. & Radebold, H. (2004): Ausgebombt, vertrieben, vaterlos – Langzeitfolgen bei den Geburtsjahrgängen 1930–1945 in Deutschland. In: Radebold, H. (Hg.): Kindheiten im II. Weltkrieg und ihre Folgen. Gießen (Psychosozial-Verlag), S. 111–136.

Brändlin, S. (2000): Vorworte. In: Wydler, H.; Kolip, P. & Abel, T. (Hg.): Salutogenese und Kohärenzgefühl. Grundlagen, Empirie und Praxis eines gesundheitswissenschftlichen Konzepts. Weinheim et al. (Juventa).

Breslau, N. (2009): The Epidemiology of Trauma, PTBS, and Other Posttrauma Disorders. Trauma, Violence, & Abuse 10(3), 198–210.

Breslau, N.; Lucia, V.C. & Davis, G.C. (2004): Partial PTBS versus full PTBS: an empirical examination of associated impairment. Psychological Medicine 34, 1205–1214.

Breslau, N. et al. (1991): Traumatic events and posttraumatic stress disorder in an urban population of young adults. Archives of General Psychiatry 48, 216–222.

Breslau, N. et al. (1997): Psychiatric sequelae of posttraumatic stress disorder in women. Archives of General Psychiatry 54, 81–87.

Breslau, N. et al. (1998): Trauma and posttraumatic stress disorder in the community: The 1996 Detroit Area Survey of Trauma. Archives of General Psychiatry 55, 626–632.

Breslau, N. et al. (1999): Previous Exposure to Trauma and PTBS Effects of Subsequent Trauma: Results from the Detroit Area Survey of Trauma. American Journal of Psychiatry 156(6), 902–907.

Breslau, N. et al. (2004): Trauma exposure and posttraumatic stress disorder: A study of youths in urban America. Journal of Urban Health 81, 530–544.

Brownmiller, S. (1975): Gegen unseren Willen. Vergewaltigung und Männerherrschaft. Frankfurt/M. (Fischer).

Bruce, S. E. et al. (2001): Trauma and Posttraumatic Stress Disorder in Primary Care Patients. Journal of clinical psychiatry 3(5), 211–217.

Brunet, A. et al. (2001): The peritraumatic Distress Inventory: A proposed Measure of PTDS Criterion A2. American Journal of Psychiatry 158, 1480–1485.

Burgess, W.A. (1983): Rape Trauma Syndrome. Behavioral Sciences & The Law 1(3), 97–113.

Burkhardt, S. (2005): Vergewaltigung als Verbrechen gegen die Menschlichkeit: sexualisierte Gewalt, Makrokriminalität und Völkerstrafrecht. Münster (Lit).

Butollo, W.; Krüsmann, M. & Hagl, M. (Hg.): Leben nach dem Trauma: Über den psychotherapeutischen Umgang mit dem Entsetzen. München (Pfeiffer).

Calhoun, L. & Tedeshi, R.D. (2006): The Foundations of Posttraumatic Growth: An Expanded Framework. In: Calhoun, L. & Tedeschi, R.D. (Hg.): Handbook of posttraumatic growth: Research and practice. Mahwah (Lawrence Erlbaum Associates Publishers), S. 3–23.

Card, C. (1996): Rape as a Weapon of War. Hypatia 11(4), 5–18.

Chang, I. (1999): Die Vergewaltigung von Nanking. München (Pendo).

Chivers-Wilson, K.A. (2006): Sexual assault and posttraumatic stress disorder: A review of the biological, psychological and sociological factors and treatments. McGill Journal of Medicine 9(2), 111–118.

Clausen, G. (1987): Vergewaltigung: Erforschung einer geheimen Dimension des Alltags. Gruppendynamik und Organisationsberatung 18(3), 217–227.

Clum, G.A. (1999): Cognitive and emotional mediators of PTBS symptoms in rape narratives of college women. Dissertation Abstracts International: Section B: The Sciences and Engineering 60(5-B), 2332.

Cohen, J. (1988): Statistical Power Analysis for the Behavioral Sciences. Hillsdale, NJ (Erlbaum).

Costin, F. & Schwarz, N. (1987): Beliefs about rape and women's social roles: A four-nation study. Journal of Interpersonal Violence 2, 46–56.

Creamer, M.; McFarlane, A.C. & Burgess, P. (2005): Psychopathology fallowing trauma: The role of subjective experience. Journal of Affective Disorders 86(2–3), 175–182.

Danielson, C.K. & Holmes, M.M. (2004): Adolescent sexual assault: an update of the literature. Current opinion in obstetrics & gynecology 16(5), 383–388.

Darves-Bornoz, J. (1997): Rape-related psychotraumatic syndromes. European Journal of Obstetrics & Gynecology and Reproductive Biology 71, 59–65.

Daud, A.; af Klinteberg, B. & Rydelius, P.A. (2007): Trauma, PTSD and personality: the relationship between prolonged traumatization and personality impairments. Scandinavian Journal of Caring Science 22(3), 331-340.

Deister, A. (2005): Reaktionen auf schwere Belastungen und Anpassungsstörungen. In: Möller, H.J.; Laux, G. & Deister, A. (Hg.): Psychiatrie und Psychotherapie. Stuttgart (Thieme).

Diekmann, A. (2008): Empirische Sozialforschung. Grundlagen. Methoden. Anwendungen. Reinbek (Rowohlt).

Diener E. & Fujita, F. (1995): Resources, personal strivings, and subjective well-being: a nomothetic and idiographic approach. Journal of Personal and Social Psychology 68, 926–35.

Doob, D. (1992): Female sexual abuse survivors as patients: Avoiding retraumatization. Archives of Psychiatric Nursing 6(4), 245–251.

Dunmore, E.; Clark, D.M. & Ehlers, A. (2001): A prospective investigation of the role of cognitive factors in persistent posttraumatic stress disorder (PTBS) after physical or sexual assault. Behaviour Research and Therapy 39(9), 1063–1084.

Dutton, D.G. (2005): Extreme mass homicide: From military massacre to genocide. Aggression and Violent Behavior 10(4), 437–473.

Ehlers, A. & Clark, D.M. (2000): A cognitive model of posttraumatic stress disorder. Behaviour Research and Therapy 38(4), 319–345

Ehlers, A. et al. (2000): Posttraumatische Diagnoseskala. Universität Jena, Psychologisches Institut.

Erikson, E.H. (1993): Identität und Lebenszyklus. Frankfurt/M. (Suhrkamp).

Fairbank, J.A.; Ebert, L. & Costello, E.J. (2000): Epidemiology of traumatic events and post-traumatic Stress Disorder. Diagnosis, Management and Treatment. London (Martin Dunitz).

Feldmann, H. (1992): Vergewaltigung und ihre psychischen Folgen: Ein Beitrag zur Posttraumatischen Belastungsreaktion. Stuttgart (Enke).

Ferrier-Auerbach, A.G.; Erbes, C.R. & Polusny, M.A. (2009): Does trauma survey research cause more distress than other types of survey research? Journal of Traumatic Stress 22(4), 320–323.

Filipas, H.H. & Ullman, S.E. (2006): Child sexual abuse, coping responses, self-blame, posttraumatic stress disorder, and adult sexual revictimization. Journal of Interpersonal Violence 21(5), 652–672.

Fischer, C.J.; Struwe, J. & Lemke, M.R. (2006): Langfristige Auswirkungen traumatischer Ereignisse auf somatische und psychische Beschwerden. Am Beispiel von Vertriebenen nach dem 2. Weltkrieg. Der Nervenarzt 77, 58–63.

Fischer, G. & Riedesser, P. (2003): Lehrbuch der Psychotraumatologie. München et al. (Reinhardt).

Fisseni, H.-J. (2004): Lehrbuch der psychologischen Diagnostik: Mit Hinweisen zur Intervention. Göttingen (Hogrefe).

Flatten, G. (2003): Abriss über den aktuellen Stand bei den Traumafolgestörungen ASD und PTBS. In: Seidler, G.H. et al. (Hg.): Aktuelle Entwicklungen in der Psychotraumatologie: Theorie, Krankheitsbilder, Therapie. Gießen (Psychosozial-Verlag).

Foa, E.B.; Molnar, C. & Cashman, L. (1995): Change in Rape Narratives During Exposure Therapy for Posttraumatic Stress Disorder. Journal of Traumatic Stress 8(4), 675–690.

Foa, E.B.; Rothbaum, B.O. & Steketee, G.S. (1993): Treatment of Rape Victims. Journal of Interpersonal Violence 8(2), 256–276.

Foa, E.B. et al. (1993): Reliability and validity of a brief instrument for assessing post-traumatic stress disorder. Journal of Traumatic Stress 6, 459–473.

Foa, E.B. et al. (1997): The Validation of a Self-Report Measure of Posttraumatic Stress Disorder: The Posttraumatic Diagnostic Scale. Psychological Assessment 9(4), 445–451.

Follette, V.M. et al. (1996): Cumulative Trauma: The Impact of Child Sexual Abuse, Adult Sexual Assault, and Spouse Abuse. Journal of Traumatic Stress 9(1), 25–36.

Ford, J.D. (1999): Disorders of extreme stress following war-zone military trauma: associated features of posttraumatic stress disorder or comorbid but distinct syndromes?. Journal of Consulting Clinical Psychology 67(1), 3–12

Ford, J.D. et al. (2006): Disorders of Extreme Stress (DESNOS) Symptoms Are Associated With Type and Severity of Interpersonal Trauma Exposure in a Sample of Healthy Young Women. Journal of Interpersonal Violence 21(11), 1399–1416

Franke, A. (1997): Zum Stand der konzeptionellen und empirischen Entwicklung des Salutogenesekonzepts. In: Antonovsky, A. (Hg.): Salutogenese: Zur Entmystifizierung der Gesundheit. Tübingen (DGVT-Verlag), S. 169–190.

Gersons, B. (2000): Diagnostic dilemmas in assessing post-traumatic stress disorder. In:

Nutt, D.J.; Davidson, J. & Zohar, J. (Hg.): Post-traumatic-Stress Disorder. Diagnosis, Management and Treatment. London (Martin Dunitz), S. 25–35.

Green, B. L. et al. (2000): Outcomes of single versus multiple trauma exposure in a screening sample. Journal of Traumatic Stress 13, 271–296.

Griese, K. (2006): Sexualisierte Kriegsgewalt und ihre Folgen. Ein Handbuch zur Unterstützung traumatisierter Frauen in verschiedenen Arbeitsfeldern. Frankfurt/M. (Mabuse Verlag).

Griesel, D.; Wessa, M. & Flor, H. (2006): Psychometric qualities of the german version of the posttraumatic diagnostic scale (PTDS). Psychological Assessment 18(3), 262–268.

Grossman, A. (1995): A Question of Silence: The Rape of German Women by Occupation Soldiers. October 72, 42–63.

Groth, A. N. & Hobson, W. F. (1986): Die Dynamik sexueller Gewalt. In: Heinrichs, J. (Hg.): Vergewaltigung – die Opfer und die Täter. Braunschweig (Holtzmeyer), S. 87–98.

Hannöver, W. et al. (2004): Die Sense of Coherence Scale von Antonovsky und das Vorliegen einer psychiatrischen Diagnose. Ergänzungen zu den deutschen Normwerten aus einer bevölkerungsrepräsentativen Stichprobe. Zeitschrift für Psychotherapie, Psychosomatik und Medizinische Psychologie 54, 179–186.

Herman, J. L. (1992a): Trauma and Recovery. New York (Basic Books).

Herman, J. L. (1992b): Complex PTBS: A syndrome in survivors of prolonged and repeated trauma. Journal of Traumatic Stress 5, 377–391

Herman, J. L. (2003): Die Narben der Gewalt. Traumatische Erfahrungen verstehen und überwinden. Paderborn: Junfermannsche Verlagsbuchhandlung.

Higgins, A. B. & Follette, V. M. (2002): Traumatic exposure and PTBS in older adults. Journal of Clinical Geropsychology 8(3), 215–226.

Hiskey, S. et al. (2008): The phenomenology of reactivated trauma memories in older adults: A preliminary study. Aging & Mental Health 12(4), 494–498.

Hopf, C. (1995): Qualitative Interviews in der Sozialforschung. Ein Überblick. In: Flick, U. et al. (Hg.): Handbuch Qualitative Sozialforschung. Grundlagen, Konzepte, Methoden und Anwendungen. Weinheim (Beltz), S. 177–182.

Jacobs, I. (2008): Freiwild. Das Schicksal deutscher Frauen 1945. Berlin (Propyläen Verlag).

Jaycox, L. H.; Zöllner, L. & Foa, E. B. (2002): Cognitive–behavior therapy for PTSD in rape survivors. Journal of Clinical Psychology 58(8), 891–906.

Jelinek, L. et al. (2009): The Organization of Autobiographical and Nonautobiographical Memory in Posttraumatic Stress Disorder (PTBS): Journal of Abnormal Psychology 118(2), 288–298.

Johnson, K. et al. (2008): Association of combatant status and sexual violence with health and mental health outcomes in postconflict Liberia. JAMA 13, 300(6), 676–690.

Johnson, L. E. & Benight, C. C. (2003): Effects of trauma-focused research on recent domestic violence survivors. Journal of Traumatic Stress 16, 567–571.

Johr, B. (1995): Die Ereignisse in Zahlen. In: Sander, H. & Johr, B. (Hg.): BeFreier und Befreite. Krieg, Vergewaltigung, Kinder. Frankfurt/M. (Fischer), S. 46–73.

Kappeler, S.; Renka, M. & Beyer, M. (1994): Vergewaltigung. Krieg. Nationalismus. Eine feministische Kritik. München (Verlag Frauenoffensive).

Kelley, L. P. et al. (2009): A comparison of PTBS symptom patterns in three types of civilian trauma. Journal of Traumatic Stress 22(3), 227–235.

Kessler, R. C. et al. (1995): Posttraumatic stress disorder in the National Comorbidity Survey. Archives of General Psychiatry 52, 1048–1060.

Kessler, R. C. et al. (2005): Prevalence, severity, and comorbidity of 12-month DSM-IV disorders in the National Comorbidity Survey Replication. Archives of General Psychiatry 62, 617–627.

Klarić, M. et al. (2007): Psychological Consequences of War Trauma and Postwar Social Stressors in Women in Bosnia and Herzegovina. Croatian Medical Journal 48, 167–176.

Kleim, B.; Wallot, F. & Ehlers, A. (2008): Are trauma memories disjointed from other autobiographical memories in posttraumatic stress disorder? An experimental investigation. Behavioural and Cognitive Psychotherapy 36(2), 221–234.

Koss, M. P. (1983): The scope of Rape: Implications for the clinical treatment of victims. Clinical Psychologist 36, 88–91.

Kozaric-Kovacic, D. et al. (1995): Rape, Torture, and Traumatization of bosnian and croatian Women: Psychological Sequelae. American Journal of Orthopsychiatry 65(3), 428–433.

Krahé, B. (1989): Vergewaltigung: Eine sozialpsychologische Analyse. Gruppendynamik und Organisationsberatung 20(1), 95–108.

Kuby, E. (1965): Die Russen in Berlin. München et al. (Scherz).

Kuwert, P. & Freyberger, H. J. (2007a): Sexuelle Kriegsgewalt – Ein tabuisiertes Verbrechen und seine Folgen. Trauma & Gewalt 2, 10–16.

Kuwert, P. & Freyberger, H. J. (2007b): The unspoken secret: sexual violence in World War II. International Psychogeriatrics 19(4), 782–784.

Kuwert, P. et al. (2007): Posttraumatische Belastungssymptome als Spätfolge von Kindheiten im Zweiten Weltkrieg. Psychotherapeut 52(3), 212–217.

Kuwert, P. et al. (2008): Psychische Beschwerden, interpersonale Probleme, Lebensqualität und Kohärenzgefühl bei ehemaligen deutschen Kriegskindern. Psychotherapie, Psychosomatik, Medizinische Psychologie 58, 257–263.

Lang, A. J. et al. (2008): Direct and indirect links between childhood maltreatment, posttraumatic stress disorder, and women's health. Journal of Behavioral Medicine 33(4), 125–135.

Lensvelt-Mulders, G. et al. (2008): Relations among peritraumatic dissociation and posttraumatic stress: A meta-analysis. Clinical Psychology Review 28(7), 1138–1151.

Licht, M. (1991): Vergewaltigungsopfer: Psychosoziale Folgen und Verarbeitungsprozesse. Pfaffenweiler (Centaurus-Verl.-Ges.).

Lindy, J. D. (1993): Focal psychoanalytic psychotherapy of post-traumatic stress disorder. In: Wilson, J. P. & Raphael, B. (Hg.): International Handbook of Stress Syndromes. New York (Plenum Press), S. 803–810.

Lončar, M. et al. (2006): Psychological Consequences of Rape on Women in 1991–1995 War in Croatia and Bosnia and Herzegovina. Croatian Medical Journal 47, 67–75.

Maercker, A. (2002): Der Peri-traumatische Belastungsfragebogen – deutsche Version. Universität Zürich; unveröffentlichtes Manuskript.

Maercker, A. (2003): Therapie der Posttraumatischen Belastungsstörungen. Berlin et al. (Springer).

Maercker, A. (2009): Posttraumatische Belastungsstörungen. Heidelberg (Springer).

Maercker, A. & Ehlert, U. (2001): Psychotraumatologie. Göttingen et al. (Hogrefe).

Maercker, A. & Herrle, J. (2003): Long-Term Effects of the Dresden Bombing: Relationships to Control Beliefs, Religious Belief, and Personal Growth. Journal of traumatic Stress 16(6), 579–587.

Maercker, A. & Mehr, A. (2006): What if Victims Read a Newspaper Report About Their Victimization? A Study on the Relationship to PTBS Symptoms in Crime Victims. European Psychologist 11(2), 137–142.

Maercker, A. & Michael, T. (2009): Posttraumatische Belastungsstörungen. In: Margraf, J. & Schneider, S. (Hg.): Lehrbuch der Verhaltenstherapie. Band 2: Störungen im Erwachsenenalter: Spezielle Indikationen. Glossar. Berlin et al. (Springer), S. 106–124.

Maercker, A. & Müller, J. (2004): Social Acknowledgment as a Victim or Survivor: A Scale to Measure a Recovery Factor of PTBS. Journal of Traumatic Stress 17(4), 345–351.

Maercker, A. et al. (2008): Posttraumatische Belastungsstörungen in Deutschland. Ergebnisse einer gesamtdeutschen epidemiologischen Untersuchung. Nervenarzt 79, 577–586.

Maindok, H. (1996): Professionelle Interviewführung in der Sozialforschung. Pfaffenweiler (Centaurus-Verlagsgesellschaft).

McFarlane, A.C. & de Girolamo, G. (1996): The nature of traumatic stressors and the epidemiology of posttraumatic reactions. In: Van der Kolk, B.A.; McFarlane, A.C. & Weisaeth, L. (Hg.): Traumatic Stress: the effect of overwhelming experience on mind, body, and society. New York et al. (Guilford Press).

Medica mondiale (2009): Projekte. Abrufbar unter: http://www.medicamondiale.org

Messerschmidt, J.W. (2006): The Forgotten Victims of World War II: Masculinities and Rape in Berlin, 1945. Violence against Women 12, 706–712.

Miloševic, V. (1993): Invalids from the 1992–1993 war in Bosnia-Herzegovina: Distribution of psychic reactions and personality dimensions. Psihijatrija Danas 25(1/2), 65–75.

Mischkowski, G. (2006): Sexualisierte Gewalt im Krieg – Eine Chronik. In: medica mondiale e.V., Griese, K. (Hg.): Sexualisierte Kriegsgewalt und ihre Folgen. Ein Handbuch zur Unterstützung traumatisierter Frauen in verschiedenen Arbeitsfeldern. Frankfurt/M. (Mabuse Verlag), S. 15-55.

Nacasch, N. et al. (2007): Prolonged exposure therapy for chronic combat-related PTBS: a case report of five veterans. CNS spectrums 12(9), 690–695.

Newman, E. & Kaloupek, D.G. (2004): The risks and benefits of participating in trauma-focused research studies. Journal of Traumatic Stress 17, 383–394.

Niarchos, C.N. (1995): Women, War, and Rape: Challenges Facing the International Tribunal for the Former Yugoslavia. Human Rights Quarterly 17(4), 649–690.

Norris, F.H. (1992): Epidemiology of trauma: Frequency and impact of different potentially traumatic events on different demographic groups. Journal of Consulting and Clinical Psychology 60, 409–418.

Op den Velde, W et al. (1990): Current psychiatric complaints of Dutch Resistance Veterans: A feasability study. Journal of Traumatic Stress 3, 351–358.

Orth, U. & Maercker, A. (2004): Do Trials of Perpetrators Retraumatize Crime Victims? Journal of Interpersonal Violence 19(2), 212–227.

Panagioti, M.; Gooding, P. & Tarrier, N. (2009): Post-traumatic stress disorder and suicidal behavior: A narrative review. Clinical Psychology Review 8, 471–482.

Poutrus, K. (1995): Ein fixiertes Trauma – Massenvergewaltigungen bei Kriegsende in Berlin. Feministische Studien 13(2), 120–129.

Radebold, H.; Bohleber, W. & Zinnecker, J. (2009): Transgenerationale Weitergabe kriegsbelasteter Kindheiten. Interdisziplinäre Studien zur Nachhaltigkeit historischer Erfahrungen über vier Generationen. Weinheim (Juventa).

Resick, P. A. (2003): Stress und Trauma. Grundlagen der Psychotraumatologie (Maercker, A.; Trans.). Bern et al. (Hans Huber).

Resnick, H. S. et al. (1993): Prevalence of Civilian Trauma and Posttraumatic Stress Disorder in a Representative National Sample of Women. Journal of Consulting and Clinical Psychology 61(6), 984–991.

Riedesser P.; Resch F. & Adam, H. (2007): Entwicklungspsychotraumatologie. In: Herpertz-Dahlmann, B. et al. (Hg.): Entwicklungspsychiatrie. Stuttgart (Schattauer), S. 279–290.

Rothbaum, B. O. et al. (1992): A prospective examination of post-traumatic stress disorder in rape victims. Journal of Traumatic Stress 5(3), 891–906.

Sack, M.; Künsebeck, H. W. & Lamprecht, F. (1997): Kohärenzgefühl und psychosomatischer Behandlungserfolg. Eine empirische Untersuchung zur Salutogenese. Psychotherapie, Psychosomatik, Medizinische Psychologie 47, 149–155.

Sadavoy, J. (1997): Survivors: A review of the late-life effects of prior psychological trauma. American Journal of Geriatric Psychiatry 5(4), 287–301.

Sander, H. (1995): Erinnern/Vergessen. In: Sander, H. & Johr, B. (Hg.): BeFreier und Befreite: Krieg, Vergewaltigung, Kinder. Frankfurt/M. (Fischer), S. 9–20.

Schmidt-Harzbach, I. (1984): Eine Woche im April. Berlin 1945. Vergewaltigung als Massenschicksal. Feministische Studien 3(2), 51–65.

Schumacher, J. et al. (2000): Die Sense of Coherence Scale von Antonovsky. Teststatistische Überprüfung in einer repräsentativen Bevölkerungsstichprobe und Konstruktion einer Kurzskala. Psychotherapie, Psychosomatik, Medizinische Psychologie 50, 472–482.

Schützwohl, M. & Maercker, A. (1999): Effects of Varying Diagnostic Criteria for Posttraumatic Stress Disorder Are Endorsing the Concept of Partial PTBS. Journal of Traumatic Stress 12(1), 155–165.

Schwarz, N. & Brand, J. F. (1983): Effects of salience of rape on sex-role attitudes, trust, and self-esteem in non-raped women. European Journal of Social Psychology 13, 71–76.

Sedlmeier, P & Renkewitz, F. (2008): Forschungsmethoden und Statistik in der Psychologie. München (Pearson Studium).

Seifert, R. (1993): Krieg und Vergewaltigung. Ansätze zu einer Analyse. In: Stiglmayer, A. (Hg.): Massenvergewaltigung – Krieg gegen die Frauen. Freiburg i.Br. (Kore), S. 85–108.

Seifert, R. (1996): The second front. The Logic of Sexual Violence in Wars. Women's Studies International Forum 19(1/2), 35–43.

Shanks, L. & Shull, M.J. (2000): Rape in war: the humanitarian response. Cmaj 163, 1152–1156.

Shanks, L. et al. (2001): Responding to Rape. The Lancet 357(27), 304.

Shear, K. et al. (2007): An attachment-based model of complicated grief including the role of avoidance. European archives of psychiatry and clinical neuroscience 257(8), 453–461.

Snekkevik, H. (2003): Is sense of coherence stable after multiple trauma? Clinical Rehabilitation 17(4), 443–453.

Springer, A. (2005): Sexuelle Gewalt – Sexualisierte Gewalt. Psychiatria Danubina 17(3–4), 172–189.

Stammel, N. & Knaevelsrud, C. (2009): Vergebung und psychische Gesundheit nach traumatischen Erlebnissen: Ein Überblick. Trauma und Gewalt 3(1), 34–41.

Steil, R. & Ehlers, A. (2003), in: Reinecker, H. (Hg.): Posttraumatische Belastungsstörung. Lehrbuch der Klinischen Psychologie und Psychotherapie: Modelle Psychischer Störungen. Göttingen et al. (Hogrefe), S. 155–181.

Stein, M. B. et al. (1997): Full and partial posttraumatic stress disorder: Findings from a community survey. American Journal of Psychiatry 154, 1114–1119.

Stiglmayer, A. (1993): Vergewaltigungen in Bosnien-Herzegowina. In: Stiglmayer, A. (Hg.): Massenvergewaltigung – Krieg gegen die Frauen. Freiburg i.Br. (Kore), S. 109-216.

Suliman, S. et al. (2009): Cumulative effect of multiple trauma on symptoms of posttraumatic stress disorder, anxiety, and depression in adolescents. Comprehensive Psychiatry 50(2), 121–127.

Tedeschi, R. D. & Calhoun, L. (2004): Posttraumatic Growth: A new Perspective on Psychotraumatology. Psychiatric Times 21(4), 1–2.

Teegen, F. & Meister, V. (2000): Traumatische Erfahrungen deutscher Flüchtlinge am Ende des II. Weltkrieges und heutige Belastungsstörungen. Zeitschrift für Gerontopsychologie &- psychiatrie 13, 112–124.

Thomsen, D.K. & Berntsen, D. (2009): The Long-Term Impact of Emotionally Stressful Events on Memory Characteristics and Life Story. Applied Cognitive Psychology 23, 579–598.

Thornhill, R. & Thornhill, N.W. (1983): Human Rape: An Evolutionary Analysis. Ethology and Sociobiology 4, 137–173.

Thornhill, R. & Palmer, C. (2000) (Hg.): A Natural History of Rape: Biological Bases of Sexual Coercion. Cambridge (MIT Press).

Van der Kolk, B.A. & Courtois, C.A. (2005): Editorial Comments: Complex Developmental Trauma. Journal of Traumatic Stress 18(5), 385–388.

Van der Kolk, B.A. & McFarlane, A.C. (1996): The Black Hole of Trauma. In: Van der Kolk, B.A.; McFarlane, A.C. & Weisaeth, L. (Hg.): Traumatic Stress: the effect of overwhelming experience on mind, body, and society. New York (Guilford Press), S. 417–440.

Von Welser, M. (1993): Am Ende wünschst Du Dir nur den Tod. Die Massenvergewaltigungen im Krieg auf dem Balkan. München (Droemer Knaur).

Weis, K. (1982): Definition und Einschätzung der Vergewaltigung. In: Weis, K. (Hg.): Die Vergewaltigung und ihre Opfer. Eine viktimologische Untersuchung zur gesellschaftlichen Bewertung und individuellen Betroffenheit. Stuttgart (Enke), S. 44–58.

Westermann, R. (2000): Wissenschaftstheorie und Experimentalmethodik. Ein Lehrbuch zur Psychologischen Methodenlehre. Göttingen (Hogrefe).

WHO (2005): Internationale Klassifikation Psychischer Störungen: ICD-10, Kapitel V (F). Klinisch-diagnostische Leitlinien. Bern et al. (Verlag Hans Huber).

Wilsey, S.A. & Shear, M.K. (2007): Descriptions of social support in treatment narratives of complicated grievers. Death Studies 31(9), 801–819.

Wing Lun, L.M. (2008): A cognitive model of peritraumatic dissciation. Psychology and Psychotherapy: Theory, Research and Practice 81(3), 297–307.

Wöller, W.; Siol, T. & Lieberman, P. (2001): Traumaassoziierte Störungsbilder neben der PTBS. In: Flatten, G. (Hg.): Posttraumatische Belastungsstörung. Leitlinie und Quellentext. Stuttgart et al. (Schattauer), S. 25–39.

Wullweber, H. (1993): Kriegsverbrechen Vergewaltigung. In: Stiglmayer, A. (Hg.): Massenvergewaltigung – Krieg gegen die Frauen. Freiburg i.Br. (Kore), S. 241–263.

Ying, Y. & Akutsu, P.D. (1997): Psychological Adjustment of Southeast Asian Refugees: The Contribution of Sence of Coherence. Journal of Community Psychology 25(2), 125–139.

Zlotnick, C. et al. (1996): The Long-Term Sequelae of Sexual Abuse: Support for a Complex Posttraumatic Stress Disorder. Journal of Traumatic Stress 9(2), 195–205.

Zoellener, L.A.; Sacks, M.B. & Foa, E.B. (2003): Directed forgetting following mood induction in chronic posttraumatic stress disorder patients. Journal of Abnormal Psychology 112(3), 508–514.

Lu Seegers, Jürgen Reulecke (Hg.)

Die »Generation der Kriegskinder«

Die »Generation der Kriegskinder«
Historische Hintergründe und Deutungen

Lu Seegers,
Jürgen Reulecke (Hg.)

2009 · 184 Seiten · Broschur
ISBN 978-3-89806-855-0

Die »Kriegskindergeneration« steht in Deutschland seit Ende der 1990er Jahre und besonders seit dem 60. Jahrestag des Kriegsendes 2005 im Fokus der Öffentlichkeit. Die beiden Bücher der Journalistinnen Hilke Lorenz und Sabine Bode, die 2003 und 2004 erschienen, trugen dazu bei, eine neue Generation mediengerecht auszurufen.

Dieser Band beschäftigt sich mit den Hintergründen und den Mechanismen des »generation building« der »Kriegskindergeneration« und versucht aus der historischen Perspektive den ganz verschiedenen Erfahrungen, Sinnstiftungen und Deutungen sogenannter »Kriegskinder« nachzugehen.

H. Shmuel Erlich, Mira Erlich-Ginor, Hermann Beland

Gestillt mit Tränen – Vergiftet mit Milch

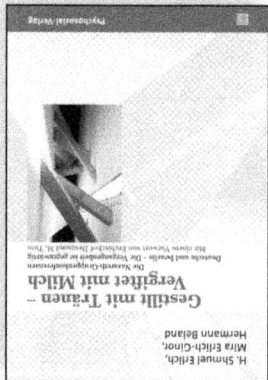

Gestillt mit Tränen –
Vergiftet mit Milch
Die Nazareth-Gruppenkonferenzen
Deutsche und Israelis – Die Vergegenwärtigung der Vergangenheit
Mit einem Vorwort von Reinhard [Desmond] M. Tuin

2009 · 212 Seiten · Broschur
ISBN 978-3-89806-765-2

Die Nazarethkonferenzen demonstrieren eine realistische Möglichkeit für die Zusammenarbeit von Deutschen und Israelis, bei der Erkenntnisse von unbewussten kollektiven Überzeugungen zugleich mit individuellen Identitätsveränderungen gewonnen werden können. Sie verfolgen nicht primär die Absicht der Schuldentlastung oder der Wiederannäherung der Völker, sondern konzentrieren alles Forschungsinteresse auf die beiden nationalen Gruppen, vertreten durch deutsche und israelische Psychoanalytiker und Psychotherapeuten. Als wirksamstes Mittel zur Erforschung kollektiver Verwicklungen des Einzelnen wurde die Gruppenbeziehungsmethode nach dem Tavistock-Leicester-Modell verwendet und bestätigt gefunden.

Walltorstr. 10 · 35390 Gießen · Tel. 06 41-96 99 78-18 · Fax 06 41-96 99 78-19
bestellung@psychosozial-verlag.de · www.psychosozial-verlag.de

Günter Gödde, Michael B. Buchholz   **Unbewusstes**

Mathias Hirsch   **Trauma**

ISBN 978-3-8379-2068-0
2011 · 138 Seiten · Broschur

Ursprünglich als philosophische Problemstellung aufgekommen, erhob Freud das »Unbewusste« zum Zentralbegriff der Psychoanalyse. Die Autoren zeichnen die Entwicklung des Begriffs in seiner ganzen Vielfalt nach und unterscheiden dabei zwischen einem vertikalen und horizontalen Modell des Unbewussten. Um das Konzept des Unbewussten in all seiner Komplexität zu begreifen, müssen beide Modelle in ihrem Zusammenspiel berücksichtigt werden. Dies birgt ein neues Verständnis des Verhältnisses von psychoanalytischer Theorie und Praxis.

ISBN 978-3-8379-2056-7
2011 · 138 Seiten · Broschur

Die Psychoanalyse begann als Traumatheorie, entwickelte sich zur Triebpsychotheorie und kann heute als Beziehungspsychologie verstanden werden, die (traumatisierende) Beziehungserfahrungen als Ursache schwerer psychischer Störungen sieht. Dabei dient die Internalisierung von Gewalterfahrungen eher der Bewältigung lang andauernder »komplexer« Beziehungstraumata, akute Extremtraumatisierungen haben hingegen Dissoziationen zur Folge. Der Begriff »Trauma« sowie der Umgang mit Traumatisierung in der Therapie werden vorgestellt.

Die kompakten Bände der Reihe »Analyse der Psyche und Psychotherapie« widmen sich jeweils einem zentralen Begriff der Psychoanalyse, zeichnen dessen historische Entwicklung nach und erläutern den neuesten Stand der wissenschaftlichen Diskussion.

Walltorstr. 10 · 35390 Gießen · Tel. 0641-969978-18 · Fax 0641-969978-19
bestellung@psychosozial-verlag.de · www.psychosozial-verlag.de

PSYCHOSOZIAL-VERLAG
ANALYSE DER PSYCHE UND PSYCHOTHERAPIE

Hans Söhni

Geschwisterdynamik

*Erscheint im Oktober 2011 · ca. 140 Seiten
Broschur · ISBN 978-3-8379-2117-5*

Mit Geschwistern verbindet man die Vorstellung von tiefer Verbundenheit, aber auch von Rivalität. Sie sind in Mythologie und Märchen, in Romanen und Filmen allgegenwärtig. Bis in die 1980er Jahre wurden Geschwisterbeziehungen beinahe vollständig aus dem psychoanalytischen Diskurs ausgeblendet. Dem setzt Hans Söhni eine psychoanalytische Entwicklungspsychologie lebendiger Geschwisterbeziehungen entgegen. Er beleuchtet den Einfluss des Geschwisterstatus auf die Persönlichkeitsentwicklung und untersucht die Dynamik von Abgrenzung und Bezogenheit.

Wolfgang Berner

Perversion

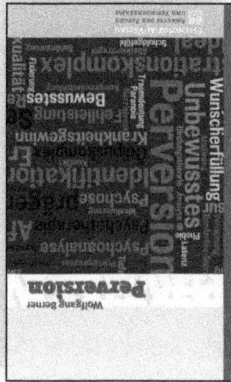

*2011 · 139 Seiten · Broschur
ISBN 978-3-8379-2067-3*

Das Studium der Perversionen eröffnete Freud tiefe Einsichten in die Funktionsweise von Sexualität und Erotik, die für seine Theoriebildung über die menschliche Psyche von entscheidender Bedeutung waren. Viele dieser Einsichten haben bis heute ihre Gültigkeit, viele wurden inzwischen ergänzt und differenziert. In dem Band wird gezeigt, dass und wie die klassische Psychoanalyse – etwa bei Fetischismus, Exhibitionismus oder Sadismus – hilfreich sein kann. Es werden die für eine Perversionstherapie notwendigen Parameter betrachtet und auch weitere Therapieformen vorgestellt.

Die kompakten Bände der Reihe »Analyse der Psyche und Psychotherapie« widmen sich jeweils einem zentralen Begriff der Psychoanalyse, zeichnen dessen historische Entwicklung nach und erläutern den neuesten Stand der wissenschaftlichen Diskussion.

Walltorstr. 10 · 35390 Gießen · Tel. 06 41-96 99 78-18 · Fax 06 41-96 99 78-19
bestellung@psychosozial-verlag.de · www.psychosozial-verlag.de

Wallotstr. 10 · 35390 Gießen · Tel. 06 41-96 99 78-18 · Fax 06 41-96 99 78-19
bestellung@psychosozial-verlag.de · www.psychosozial-verlag.de

Psychosozial-Verlag

Yolanda Gampel
Kinder der Shoah
Die transgenerationelle Weitergabe
seelischer Zerstörung

2009 · 159 Seiten · Broschur
ISBN 978-3-89806-763-8

Für viele ist die Katastrophe der Shoah eine Vergangenheit, die endgültig Geschichte geworden ist. Da scheinbar nichts mehr auf das Geschehen hinweist, will man endlich einen Schlussstrich ziehen und zur Tagesordnung übergehen. Dabei prägt die Extremform gesellschaftlicher Gewalt, der Krieg, weiterhin das Leben. Gerade die Shoah, deren Auswirkungen virulent bleiben, hat das Verständnis von Geschichte ausgehebelt. «Radioaktiven Rückständen» gleich verbreitet sich ihre diffuse Schadwirkung über Zeit und Raum, in Gegenwart und Vergangenheit. Durch die Shoah ausgelöste Traumata bleiben nicht nur in Psyche und Körper der Überlebenden präsent, sie können auch an die nachfolgenden Generationen weitergegeben werden.

Katharina Rothe
Das (Nicht-)Sprechen über die Judenvernichtung

2009 · 302 Seiten · Broschur
ISBN 978-3-89806-896-3

Die Autorin erhebt mit den Methoden einer psychoanalytisch orientierten Sozialforschung themenzentrierte Gruppendiskussionen und Einzelinterviews in drei Generationen und wertet diese psychoanalytisch orientiert aus. Hintergrund des Forschungsprojekts ist die Deportation der Jüdinnen und Juden aus einer nordhessischen Stadt in das Ghetto bzw. Vernichtungslager von Minsk im Jahre 1941. Die Bedeutung des Sprechens bzw. Nicht-Sprechens über diese Deportation ist ein Schwerpunkt der Analyse. Die psychoanalytische Erkenntnismethode und Theorie ermöglichen eine Herausarbeitung sowohl aktueller und kollektiver unbewusster Verstrickungen in Bezug auf die Shoah und deren Folgen als auch unbewusster Phantasmen, die im Nationalsozialismus selbst virulent waren.